四十自述

胡适 著

民主与建设出版社

图书在版编目（CIP）数据

四十自述 / 胡适著 . —北京：民主与建设出版社，
2015.3（2025.1重印）
ISBN 978-7-5139-0595-4

Ⅰ. ①四… Ⅱ. ①胡… Ⅲ. ①胡适（1891~1962）—自传
Ⅳ. ① K825.4

中国版本图书馆 CIP 数据核字（2015）第 048626 号

四十自述
SISHI ZISHU

著　　者　胡　适
责任编辑　程　旭
封面设计　刘红刚
出版发行　民主与建设出版社有限责任公司
电　　话　（010）59417747　59419778
社　　址　北京市朝阳区宏泰东街远洋万和南区独栋伍号公馆
邮　　编　100102
印　　刷　天津融正印刷有限公司
版　　次　2015 年 5 月第 1 版
印　　次　2025 年 1 月第 16 次印刷
开　　本　710 mm × 1000 mm　1 / 16
印　　张　14.5
字　　数　237 千字
书　　号　ISBN 978-7-5139-0595-4
定　　价　28.00 元

目　录

我的信仰

胡适

我是我父亲的幼儿，也是我母亲的独子。我父亲娶妻凡三次：前妻死于太平天国之乱，乱军掠遍安徽南部各县，将其化为灰烬。次妻生了三个儿子、四个女儿。长子从小便证明是个难望洗心革面的败子。我父亲丧了次妻后，写信回家，说他一定要讨一个纯良强健的、做庄稼人家的女儿。

01

我父胡传，是一位学者，也是一个意志坚强、有行政才干的人。经过一个时期的古典文史训练后，他对于地理研究，特别是边省的地理，抱有浓厚的兴趣。他怀揣一封介绍书，前往京师；又走了四十二日而达北满吉林，去晋见钦差大臣吴大澂。吴氏作为中国的一个伟大考古学家，现在见知于欧洲的汉学家们。

吴氏延见他，问有什么可以替他为力的。我父说道："没有什么，只求准我随节去解决中俄界务的纠纷，俾我得以研究东北各省的地理。"吴氏对于这个只有秀才底子，且在关外长途跋涉之后，差不多已是身无分文的学者，觉得有味。他带着这个少年去干他那历史上有名的差使，得他做了一个最有价值、最肯做事的帮手。

有一次与我父亲同走的一队人，迷陷在一个广阔的大森林之内，三天找不着出路。到粮食告罄，一切侦察均归失败时，我父亲就提议寻觅溪流。溪流是多半流向森林外面去的。一条溪流找到了手，他们一班人就顺流而行，得达安全的地方。我父亲作了一首长诗纪念这一件事。及四十年后，我在一篇《杜威论思想》的论文里，以这件事实为例证，虽则我未尝提到他的名字，有好些与我父亲相熟而犹生存着的人，都还认得出这件故事，并写信问我是不是他们故世已久的朋友的一个小儿子。

吴大澂对我父亲虽曾一度向政府荐举他为"有治省才的人"，他在政治上却并未得臻通显，历官江苏、台湾后，遂于台湾因中日战争的结果而割让与日本时，以五十五岁的寿辰逝世。

02

我是我父亲的幼儿，也是我母亲的独子。我父亲娶妻凡三次：前妻死于太平天国之乱，乱军掠遍安徽南部各县，将其化为灰烬。次妻生了三个儿子、四个女儿。长子从小便证明是个难望洗心革面的败子。我父亲丧了次妻后，写信回家，说他一定要讨一个纯良强健的、做庄稼人家的女儿。

我外祖父务农，于年终几个月内且兼业裁缝。他是出身于一个循善的农家，在太平天国之乱中，全家被杀。因他还只是一个小孩子，故被太平军掠做俘虏，带往军中当差。为要防他逃走，他的脸上就刺了“太平天国”四字，终其身都还留着。但是他吃了种种困苦，居然逃了出来，回到家乡，只寻得一片焦土，无一个家人还得活着。他勤苦工作，耕种田地，兼做裁缝，裁缝的手艺，是他在贼营里学来的。他渐渐长成，娶了一房妻子，生下四个儿女，我母亲就是最长的。

我外祖父一生的心愿就是想重建被太平军毁了的家传老屋。他每天早上，太阳未出，便到溪头去拣选三大担石子，分三次挑回废屋的地基。挑完之后，他才去种田或去做裁缝。到了晚上回家时，又去三次，挑了三担石子，才吃晚饭。凡此辛苦恒毅的工作，都给我母亲默默看在眼里，她暗恨身为女儿，毫无一点法子能减轻他父亲的辛苦，促他的梦想实现。

随后来了个媒人，在田里与我外祖父会见，雄辩滔滔地向他替我父亲要他大女儿的庚帖（按：胡适《我的母亲的订婚》一章里面，用的是“八字”二字，英文系 Birth date paper，故译庚帖似较贴切）。我外祖父答应回去和家里商量。但是到他在晚上把所提的话对他的妻子说了，她就大为生气。她说：“不行！把我女儿嫁给一个大她三十岁的人，你真想得起？况且他的儿女也有年纪比我们女儿还大的！还有一层，人家自然要说我们嫁女儿给一个老官，是为了钱财体面而把她牺牲的。”于是这一对老夫妻吵了一场。后来做父亲的说：“我们问问女儿自己。说来说去，这到底是她自己的事。”

到这个问题对我母亲提了出来，她不肯开口。中国女子遇到同类的情形常是这样的。但她心里却在深思沉想。嫁与中年丧偶、兼有成年儿女的人做填房，送给女家的聘金财礼比一般婚媾却要重得多。这点于她父亲盖房子的计划将大有帮助。况且她以前又是见过我父亲的，知道他为全县人所敬重。她爱慕他，愿意嫁他，为的半是英雄崇拜的意识，但大半却是想望帮助劳苦的父亲的孝思。所以到她给父母逼着答话，她就坚决地说："只要你们俩都说他是好人，请你们俩作主。男人家四十七岁也不能算是老。"我外祖父听了，叹了一口气，我外祖母可气得跳起来，忿忿地说："好呵！你想做官太太了！好罢，听你情愿罢！"

03

我母亲于1889年结婚，时年十七，我则生在1891年12月。我父殁于1895年，留下我母亲二十三岁做了寡妇。我父弃世，我母便做了一个有许多成年儿女的大家庭的家长。中国做后母的地位是十分困难的。她的生活自此时起，自是一个长时间的含辛茹苦。

我母最大的禀赋就是容忍。中国史书记载唐朝有个皇帝垂询张公仪那位家长，问他家以什么道理能九世同居而不分离拆散。那位老人家因过于衰迈，难以口述，请准用笔写出回答。他就写了一百个"忍"字。中国道德家时常举出"百忍"的故事为家庭生活最好的例子，但他们似乎没有一个曾觉察到许多苦恼、倾轧、压迫和不平，使容忍成了一种必不可少的事情。

那班接脚媳妇凶恶不善的感情，利如锋刃的话语，含有敌意的嘴脸，我母亲事事都耐心容忍。她有时忍到不可再忍，这才早上不起床，柔声大哭，哭她早丧丈夫。她从不开罪她的媳妇，也不提开罪的那件事。但是这些眼泪，每次都有神秘莫测的效果。我总听得有一位嫂嫂的房门开了，和一个妇人的脚步声向厨房走去。不多一会，她转来敲我们房门了。她走进来捧着一碗热茶，送给我的母亲，劝她止哭。母亲接了茶碗，受了她不出声的认错。然后家里又太平清静得个把月。

我母亲虽则并不知书识字，却把她的全副希望放在我的教育上。我是一个早慧的小孩，不满三岁时，就已认了八百多字，都是我父亲每天用红笺方块教我的。我才满三岁零点，便在学堂里念书。我当时是个多病的小孩，没有搀扶，不能跨一个六英寸高的门槛。但我比学堂里所有别的学生都能读能记些。我从不跟着村中孩子们一块儿玩。更因我缺少游戏，我五岁时就得了“先生”的绰号。十五年后，我在康奈耳大学读二年级时，也同是为了这个弱点，而得了 Doc（即 Doctor 缩读，音与 dog 同，故用作谐称。）的诨名。

每天天还未亮时，我母亲便把我喊醒，叫我在床上坐起。她然后把对我父亲所知的一切告诉我。她说她望我踏上他的脚步，她一生只晓得他是最善良最伟大的人。据她说，他是一个多么受人敬重的人，以致在他间或休假回家的时期中，附近烟窟赌馆都概行停业。她对我说我惟有行为好，学业科考成功，才能使他们两老增光；又说她所受的种种苦楚，得以由我勤敏读书来酬偿。我往往眼睛半睁半闭地听。但她除遇有女客与我们同住在一个房间的时候外，罕有不施这番晨训的。

到天大明时，她才把我的衣服穿好，催我去上学。我年稍长，我总是第一个先到学堂，并且差不多每天早晨都是去敲先生的门要钥匙去开学堂的门。钥匙从门缝里递了出来，我隔一会就坐在我的坐位上朗念生书了。学堂里到薄暮才放学，届时每个学生都向朱印石刻的孔夫子大像和先生鞠躬回家。每日上课的时间平均是十二小时。

我母亲一面不许我有任何种的儿童游戏，一面对于我建一座孔圣庙的孩子气的企图，却给我种种鼓励。我是从我同父异母的姊姊的长子，大我五岁的一个小孩那里学来的。他拿各种华丽的色纸扎了一座孔庙，使我心里羡慕。我用一个大纸匣子做为正殿，背后开了一个方洞，用一只小匣子糊上去，做了摆孔子牌位的内堂。外殿我供了孔子的各大贤徒，并贴了些小小的匾对，书着颂扬这位大圣人的字句，其中半系录自我外甥的庙里，半系自书中抄来。在这座玩具的庙前，频频有香炷燃着。我母亲对于我这番有孩子气的虔敬也觉得欢喜，暗信孔子的神灵一定有报应，使我成为一个有名的学者，并在科考中成为一个及第的士子。

我父亲是一个经学家，也是一个严守朱熹（1130—1200）的新儒教理学的人。他对于释道两教强烈反对。我还记得见我叔父家（那是我的开蒙学堂）的门上有一张日光晒淡了的字条，写着“僧道无缘”几个字。我后来才得知道这是我父亲所遗理学家规例的一部。但是我父亲业已去世，我那彬彬儒雅的叔父，又到皖北去做了一员小吏，而我的几位哥子则都在上海。剩在家里的妇女们，对于我父亲的理学遗规，没有什么拘束了。她们遵守敬奉祖宗的常礼，并随风俗时会所趋，而自由礼神拜佛。观音菩萨是她们所最爱的神，我母亲为了是出于焦虑我的健康福祉的念头，也做了观音的虔诚信士。我记得有一次她到山上观音阁里去进香，她虽缠足，缠足是苦了一生的，在整段的山路上，还是步行来回。

我在村塾（村中共有七所）里读书，读了九年（1895—1904）。在这个期间，我读习并记诵了下列几部书：

1. 《孝经》：孔子后的一部经籍，作者不明。

2. 《小学》：一部论新儒教道德学说的书，普通谓系宋哲朱熹所作。

3. 《四书》：《论语》《孟子》《大学》《中庸》。

4. 《五经》中的四经：《诗经》《尚书》《易经》《礼记》。

我母亲对于家用向来是节省的，而付我先生的学金，却坚要比平常要多三倍。平常学金两块银元一年，她首先便送六块钱，后又逐渐增加到十二元。由增加学金这一点小事情，我得到千百倍于上述数目比率所未能给的利益。因为那两元的学生，单单是高声朗读，用心记诵，先生从不劳神去对他讲解所记的字。独我为了有额外学金的缘故，得享受把功课中每字每句解给我听，就是将死板文字译作白话这项难得的权利。

我年还不满八岁，就能自己念书。由我二哥的提议，先生使我读《资治通鉴》。这部书，实在是大历史家司马光于1084年所辑编年式的中国通史。这番读史，使我发生很大的兴趣，我不久就从事把各朝代各帝王各年号编成有韵的歌诀，以资记忆。

随后有一天，我在叔父家里的废纸箱中，偶然看见一本《水浒传》的残本，便站在箱边把它看完了。我跑遍全村，不久居然得着全部。从此以后，我像老饕一般读尽了本村邻村所知的小说。这些小说都是用白话或口语写的，既易了解，又有引人入胜的趣味。它们教我人生，好的也教，坏的也教，又给了我一件文艺的工具，若干年后，使我能在中国开始众所称为“文艺复兴”的运动。

其时，我的宗教生活经过一个特异的激变。我系生长在拜偶像的环境，习于诸神凶恶丑怪的面孔，和天堂地狱的民间传说。我十一岁时，一日，温习朱子的《小学》，这部书是我能背诵而不甚了解的。我念到这位理学家引司马光那位史家攻击天堂地狱的通俗信仰的话。这段话说："形既朽灭，神亦飘散，虽有判烧舂磨，亦无所施。"这话好像说得很有道理，我对于死后审判的观念，就开始怀疑起来。

往后不久，我读司马光的《资治通鉴》，读到第一百三十六卷中有一段，使我成了一个无神论者。所说起的这一段，述纪公元五世纪一位名叫范缜的哲学家，与朝众竞辩"神灭论"。朝廷当时是提倡大乘佛法的。范缜的见解，由司马光摄述为这几句话："形者神之质，神者形之用也。神之于形，犹利之于刃。未闻刃没而利存，岂容形亡而神在哉？"

这比司马光的形灭神散的见解——一种仍认有精神的理论——还更透彻有理。范缜根本否认精神为一种实体，谓其仅系神之用。这一番化繁为简合着我儿童的心胸。读到"朝野喧哗，难之，终不能屈"，更使我心悦。

同在那一段内，又引据范缜反对因果轮回说的事。他与竟陵王谈论，王对他说："君不信因果，何得有富贵贫贱？"范缜答道："人生如树花同发，随风而散；或拂帘幌，坠茵席之上；或关篱墙，落粪溷之中。堕茵席者，殿下是也；落粪溷者，下官是也。贵贱虽复殊途，因果竟在何处？"

因果之说，由印度传来，在中国人思想生活上已成了主要部分的少数最有力的观念之一。中国古代道德家，常以善有善报、恶有恶报为训。但在现实生活上并不真确。佛教的因果优于中国果报观念的地方，就是可以躲过这个问题，将其归之于前世来世不断的轮回。

但是范缜的比喻，引起了我幼稚的幻想，使我摆脱了恶梦似的因果绝对论。这是以偶然论来对定命论。而我以十一岁的儿童就取了偶然论而叛离了运命。我在那个儿童时代是没有牵强附会的推理的，仅仅是脾性的迎拒罢了。我是我父亲的儿子，司马光和范缜又得了我的心。仅此而已。

04

但是这一种心境的激变，在我早年不无可笑的结果。1903 年的新年里，我到我住在二十四里外的大姊家去拜年。在她家住了几天，我和她的儿子回家，他是来给我母亲拜年的。他家的一个长工替他挑着新年礼物。我们回到路上，经过一个亭子，供着几个奇形怪状的神像。我停下来对我外甥说："这里没有人看见，我们来把这几个菩萨抛到污泥坑里去罢。"我这带孩子气的毁坏神像主张，把我的同伴大大地吓住了。他们劝我走路，莫去惹那些本来已经濒于危境的神道。

这一天正是元宵灯节。我们到了家中，家里有许多客人，我的肚子已经饿了，开饭的时候，我外甥又劝我喝了一杯烧酒。酒在我的肚子里，便作怪起来。我不久便在院子里跑，喊月亮下来看灯。我母亲不悦，叫人来捉我。我在他们前头跑，酒力因我跑路，作用更起得快。我终被捉住，但还努力想挣脱。我母亲抱住我，不久便有许多人朝我们围拢来。

我心里害怕，便胡言乱道起来。于是我外甥家的长工走到我母亲身边，低低地说："外婆，我相信他定是精神错乱了。恐怕是神道怪了他。今天下午我们路过三门亭，他提议要把几尊菩萨抛到污泥坑里去。一定是这番话弄出来的事。"我窃听了长工的话，忽然想出一条妙计。我喊叫得更凶，好像我就真是三门亭的一个神一样。我母亲于是便当空焚香祷告，说我年幼无知无咎，许下如果蒙神恕我小孩子的罪过，定到亭上去烧香还愿。

这时候，得报说龙灯来了，在我们屋里的人，都急忙跑去看，只剩下我和母亲两个人。一会儿我就睡着了。母亲许的愿，显然是灵应了。一个月后，我母亲和我上外婆家去，她叫我恭恭敬敬地在三门亭还我们许下的愿。

05

我年甫十三，即离家上路七日，以求"新教育"于上海。自这次别离后，我于十四年之中，只省候过我母亲三次，一总同她住了大约七个月。出自她对我伟大的爱忱，她送我出门，分明没有洒过一滴眼泪就让我在这广大的世界中，独自求我自己的教育和发展，所带着的，只是一个母亲的爱，一个读书的习惯，和一点点怀疑的倾向。

我在上海过了六年（1904—1910），在美国过了七年（1910—1917）。在我停留在上海的时期内，我经历过三个学校（无一个是教会学校），一个都没有毕业。我读了当时所谓的“新教育”的基本东西，以历史、地理、英文、数学，和一点零碎的自然科学为主。从已故林纾氏及其他诸人的意译文字中，我初次认识一大批英国和欧洲的小说家，司各提（Scott）、狄更司（Dickens）、大小仲马（Dumas Pere and Fils）、雨果（Hugo）以及托尔斯泰（Tolstoy）等氏的都在内。我读了中国上古、中古几位非儒教和新儒教哲学家的著作，并喜欢墨翟的兼爱说与老子、庄子有自然色彩的哲学。

从当代力量最大的学者梁启超氏的通俗文字中，我渐得略知霍布斯（Hobbes）、笛卡儿（Descartes）、卢梭（Rousseau）、边沁（Bentham）、康德（Kant）、达尔文（Darwin）等诸泰西思想家。梁氏是一个崇拜近代西方文明的人，连续发表了一系列文字，坦然承认中国人以一个民族而言，对于欧洲人所具的许多良好特性，感受缺乏；显著的是注重公共道德，国家思想，爱冒险，私人权利观念与热心防其被侵，爱自由，自治能力，结合的本事与组织的努力，注意身体的培养与健康等。就是这几篇文字猛力把我以我们古旧文明为自足，除战争的武器，商业转运的工具外，没有什么要向西方求学的这种安乐梦中，震醒出来。它们开了给我，也就好像开了给几千几百别的人一样，对于世界整个的新眼界。

我又读过严复所译穆勒（John Stuart Mill）的《自由论》（On Liberty）和赫胥黎（Huxley）的《天演论》（Evolution and Ethic）。严氏所译赫胥黎的论著，于1898年就出版，并立即得到知识阶级的接受。有钱的人拿钱出来翻印新版以广流传（当时并没有版权），因为有人以达尔文的言论，尤其是它在社会上与政治上的运用，对于一个感受惰性与濡滞日久的民族，乃是一个合宜的刺激。

数年之间，许多的进化名词在当时报章杂志的文字上，就成了口头禅。无数的人，都采来做自己的和儿辈的名号，由是提醒他们国家与个人在生存竞争中消灭的祸害。向尝一度闻名的陈炯明以“竞存”为号。我有两个同学名杨天择和孙竞存。

就是我自己的名字，对于中国以进化论为时尚，也是一个证据。我请我二哥替我起个学名的那天早晨，我还记得清楚。他只想了一刻，他就说“‘适者生存’中的‘适’字怎么样？”我表示同意；先用来做笔名，最后于1910年就用作我的名字。

06

我对于达尔文与斯宾塞两氏进化假说的一些知识，很容易地与几个中国古代思想家的自然学说联了起来。例如在道家伪书《列子》所述的下面这个故事中，发现二千年前有一个一样年轻，同抱一样信仰的人，使我的童心欢悦：

> 齐田氏祖于庭，食客千人。中坐有献鱼雁者，田氏视之，乃叹曰："天之于民厚矣！殖五谷，生鱼鸟以为之用。"众客和之如响。鲍氏之子，年十二，预于次，进曰："不如君言。天地万物，与我并生，类也。类无贵贱，徒以大小智力而相制，迭相食，非相为而生之。人取食者而食之，岂天本为人而生之？且蚊蚋噆肤，虎狼食肉，岂天本为蚊蚋生人，虎狼生肉者哉？

1906年，我在中国公学同学中，有几位办了一个定期刊物，名《竞业旬报》——达尔文学说通行的又一例子——其主旨在以新思想灌输于未受教育的民众，系以白话刊行。我被邀在创刊号撰稿。一年之后，我独自做编辑。我编辑这个杂志的工作不但帮助我启发运用现行口语为一种文艺工具的才能，且以明白的话语及合理的次序，想出自我幼年就已具了形式的观念和思想。在我为这个杂志所著的许多论文内，我猛力攻击人民的迷信，且坦然主张毁弃神道，兼持无神论。

1908年，我家因营业失败，经济大感困难。我于十七岁上，就必需供给我自己读书，兼供养家中的母亲。我有一年多停学，教授初等英文，每日授课五小时，月得修金八十元。1910年，我教了几个月的国文。

那几年（1909—1910）是中国历史上的黑暗时代，也是我个人历史上的黑暗时代。革命在好几省内爆发，每次都归失败。中国公学原是革命活动的中心，我在那里的旧同学参加此等密谋的实繁有徒，丧失生命的为数也不少。

这班政治犯有好些来到上海与我住在一起，我们都是意气消沉，厌世悲观的。我们喝酒，作悲观的诗词，日夜谈论，且往往作没有输赢的赌博。我们甚至还请了一个老伶工来教我们唱戏。有一天早上，我作了一首诗，中有这一句："霜浓欺日淡！"（"How proudly does the wintry frost scorn the powerless rays of the sun."）

意气消沉与执劳任役驱使我们走入了种种的流浪放荡。有一个雨夜，我喝酒喝得醺醺大醉，在街上与巡捕角斗，把我自己弄进监里去关了一夜。到我次晨回寓，在镜中看出我脸上的血痕，就记起李白饮酒歌中的这一句："天生我材必有用。"（Some use might yet be made of this material bom in me.）我决心脱离教书和我的这班朋友。下了一个月的苦工夫，我就前往北京投考用美国退还庚子赔款所设的学额。我考试及格，即于七月间放洋赴美。

07

我到美国，满怀悲观。但不久便交结了些朋友，对于那个国家和人民都很喜爱。美国人出自天真的乐观与朝气给了我很好的印象。在这个地方，似乎无一事一物不能由人类智力做得成的。我不能避免这种对于人生持有喜气的眼光的传染，数年之间，就渐渐治疗了我少年老成的态度。

我第一次去看足球比赛时，我坐在那里以哲学的态度看球赛时的粗暴及狂叫欢呼为乐。而这种狂叫欢呼在我看来，似乎是很不够大学生的尊严的。但是到竞争愈渐激烈，我也就开始领悟这种热心。随后我偶然回头望见白了头发的植物学教授劳理先生（Mr. W. W. Rowlee）诚心诚意地在欢呼狂叫，我觉得如是的自惭，以致我不久也就热心地陪着众人欢呼了。

就是在民国初年最黑暗的时期内，我还是想法子打起我的精神。在致一个华友的信里面，我说道："除了你我自己灰心失意，以为无希望外，没有事情是无希望的。"在我的日记上，我记下些引录的句子，如引克洛浦（Clough）的这一句："如果希望是麻醉物，恐惧就是作伪者。"又如我自己译自勃朗宁的这一节诗：

从不转背而挺身向前，
从不怀疑云要破裂，
虽合理的弄糟，违理的占胜，
而从不作迷梦的，
相信我们沉而再升，败而再战，
睡而再醒。

1914年1月，我写这一句在我的日记上："我相信我自离开中国后，所学得的最大的事情，就是这种乐观的人生哲学了。"1915年，我以关于勃朗宁最优的论文得受柯生奖金（Hiram Corson Prize）。我论文的题目是《勃朗宁乐观主义辨》（In Defense of Browning's Optimism）。我想来大半是我渐次改变了的人生观使我于替他辩护时，以一种诚信的意识来发言。

我系以在康奈耳大学做纽约农科学院的学生开始我的大学生涯。我的选择是根据了当时中国盛行的，谓中国学生须学点有用的技艺，文学、哲学是没有什么实用的这个信念。但是也有一个经济的动机。农科学院当时不收学费，我心想或许还能够把每月的月费省下一部来汇给我的母亲。

农场上的经验我一点都不曾有过，并且我的心也不在农业上。一年级的英国文学及德文课程，较之农场实习和养果学，反使我感觉兴趣。踌躇观望了一年又半，以立即缴纳四个学期的学费为处罚，以受了八个月困扰为代价，我最后转入文理学院。但是我对于我的新学科觉得更为自然，从不懊悔这番改变。

有一科"欧洲哲学史"——归故克莱顿教授（Professer J. E. Creighton）那位恩师主持——领导我以哲学做了主科。我对于英国文学与政治学也深有兴趣。康奈耳的哲学院（The Sage School of Philosophy）是唯心论的重镇。在其领导之下，我读了古代近代古典派哲学家比较重要的著作。我也读过晚近唯心论者如贝克莱（Bradley）、鲍桑葵（Bosanquet）等的作品，但是他们提出的问题从未引起我的兴趣。

1915年，我往哥林比亚大学（Columbia University），就学于杜威教授（Professor John Dewey），直至1917年我回国之时为止。得着杜威的鼓励，我著成我的论文《先秦名学史》这篇论文，使我把中国古代哲学著作重读一过，并立下我对于中国思想史的一切研究的基础。

08

我留美的七年间，我有许多课外的活动，影响我的生命和思想，说不定也与我的大学课业一样。当意气颓唐的时候，我对于基督教大感兴趣，且差不多把《圣经》读完。1911 年夏，我出席于在宾夕法尼亚（Pennsylvania）普柯诺派恩司（Pocono Pines）举行的中国基督教学生会的大会做来宾时，我几乎打定主意做了基督徒。

但是我渐渐地与基督教脱离，虽则我对于其发达的历史曾多有习读，因为有好久时光我是一个信仰无抵抗主义的信徒。耶稣降生前五百年，中国哲学家老子曾传授过上善若水，水善应万物而不争。我早年接收老子的这个教训，使我大大地爱着《登山宝训》。

1914 年，世界大战爆发，我深为比利时的命运所动，而成了一个确定的无抵抗者。我在康奈耳大同俱乐部（Cornell Cosmopolitan Club）住了三年，结交了许多各种国籍的热心朋友。受着像那士密氏（George Nasmyth）和麦慈（John Mez）那样唯心的平和论者的影响，我自己也成了一个热心的平和论者。大学废军联盟因维腊特（Oswald Garrison Villard）的提议而成立于 1915 年，我是其创办人之一。

到后来，各国际政治俱乐部（International Polity Clubs）成立，我在那士密氏和安格尔（Norman Angell）的领导之下，做了一个最活跃的会员，且曾参加过其起首两届的年会。1916 年，我以我的论文《国际关系中有代替武力的吗？》（Is There a Substitute for Force in International Relations?）得受国际政治俱乐部的奖金。在这篇论文里面，我阐明依据以法律为有组织的武力建立一个国际联盟的哲理。

我的和平主义与国际大同主义往往使我陷入十分麻烦的地位。日本由攻击德国在山东的领土以加入世界大战时，向世界宣布说，这些领土“终将归还中国”。我是留美华人中唯一相信这个宣言的人，并以文字辨驳说，日本于其所言，说不定是意在必行的。关于这一层，我为许多同辈的学生所嘲笑。及

1915年日本提出有名的对华二十一条件，留美学生，人人都赞成立即与日本开战。我写了一封公开的信给《中国留美学生月报》，劝告处之以温和，持之以冷静。我为这封信受了各方面的严厉攻击，且屡被斥为卖国贼。战争是因中国接受一部要求而得避免了，但德国在华领土则直至七年之后才交还中国。

我读易卜生（Ibsen）、莫黎（John Morley）和赫胥黎诸氏的著作，教我思考诚实与发言诚实的重要。我读过易卜生所有的戏剧，特别爱着《人民之敌》（An Enemy of the People）、莫黎的《论妥协》（On Compromise），先由我的好友威廉思女士（Miss Edith Clifford Williams）介绍给我，她是一直做了左右我生命最重要的精神力量。莫黎曾教我："一种主义，如果健全的话，是代表一种较大的便宜的。为了一时似是而非的便宜而将其放弃，乃是为小善而牺牲大善。疲弊时代，剥夺高贵的行为和向上的品格，再没有什么有这样拿得定的了。"

赫胥黎还更进一步教授一种理知诚实的方法。他单单是说："拿也如同可以证明我相信别的东西为合理的那种种证据来，那么我就相信人的不朽了。向我说类比和或能是无用的。我说我相信倒转平方律时，我是知道我意何所指的，我必不把我的生命和希望放在较弱的信证上。"赫胥黎也曾说过，"一个人生命中最神圣的举动，就是说出并感觉得我相信某项某项是真的。生在世上一切最大的赏，一切最重要的罚，都是系在这个举动上。"

人生最神圣的责任是努力思想得好（to think well），我就是从杜威教授学来的。或思想得不精，或思想而不严格的到它的前因后果，接受现成的整块的概念以为思想的前提，而于不知不觉间受其个人的影响，或多把个人的观念由造成结果而加以测验，在理知上都是没有责任心的。真理的一切最大的发现，历史上一切最大的灾祸，都有赖于此。

杜威给了我们一种思想的哲学，以思想为一种艺术，为一种技术。在《思维术》（How to Think）和《实验逻辑论文集》（Essays in Experimental Logic）里面，他制出这项技术。我察出不但于实验科学上的发明为然，即于历史科学上最佳的探讨，内容的详定，文字的改造，及高等的批评等也是如此。在这种种境域内，曾由同是这个技术而得到最佳的结果。这个技术主体上是具有大胆提出假设，加上诚恳留意于制裁与证实。这个实验的思想技术，堪当创造的智力（creative intelligence）这个名称，因其在运用想像机智以寻求证据，做成实验上，和在自思想有成就的结实所发出满意的结果上，实实在在是有创造性的。

奇怪之极，这种功利主义的逻辑竟使我变成了一个做历史探讨工作的人。我曾用进化的方法去思想，而这种有进化性的思想习惯，就做了我此后在思想史及文学工作上的成功之钥。尤更奇怪的，这个历史的思想方法并没有使我成为一个守旧的人，而时常是进步的人。例如，我在中国对于文学革命的辩论，全是根据无可否认的历史进化的事实，且一向都非我的对方所能答复得来的。

09

我母亲于1918年逝世。她的逝世，就是引导我把我在这广大世界中摸索了十四年多些的信条第一次列成条文的时机。这个信条系于1919年发表在以《不朽》（Immortality，My Religion）为题的一篇文章里面。

因有我在幼童时期读书得来的学识，我早久就已摒弃了个人死后生存的观念了。好多年来，我都是以一种“三不朽”的古说为满意，这种古说我是在《春秋左氏传》里面找出来的。传记里载贤臣叔孙豹于纪元前548年（时孔子还只有三岁。译者按，即鲁襄公二十四年）谓有立德、立功、立言三不朽。此三者“虽久不忘，此之谓不朽”。这种学说引动我心有如是之甚，以致我每每向我的外国朋友谈起，并给了它一个名字，叫做“三W的不朽主义”（三W即Worth，Work，Words三字的头一个字母）。

我母亲的逝世使我重新想到这个问题。我就开始觉得三不朽的学说有修正的必要。第一层，其弱点在太过概括一切。在这个世界上，有多少人其在德行功绩言语上的成就，其哲理上的智慧能久久不忘的呢？例如哥伦布是可以不朽的了，但是他那些别的水手怎样呢？那些替他造船或供给他用具的人，那许多或由作有勇敢的思考，或由在海洋中作有成无成的探险，替他铺下道路的前导又怎样呢？简括地说，一个人应有多大的成就，才可以得不朽呢？

次一层，这个学说对于人类的行为没有消极的裁制。美德固是不朽的了，但是恶德又怎样呢？我们还要再去借重审判日或地狱之火吗？

我母亲的活动从未超出家庭间琐屑细事之外，但是她的左右力，能清清楚楚地从来吊祭她的男男女女的脸上看得出来。我检阅我已死的母亲的生平，我追忆我父亲个人对她毕生左右的力量，及其对我本身垂久的影响，我遂诚信一切事物都是不朽的。我们所做的一切什么人，我们所干的一切什么事，我们所讲的一切什么话，从在世界上某个地方自有其影响这个意义看来，都是不朽的。这个影响又将依次在别个地方有其效果，而此事又将继续入于无限的空间与时间。

正如莱布尼兹（Leibnitz）有一次所说，“人人都感觉到在宇宙中所经历的一切，以使那目睹一切的人，可以从经历其他各处的事物，甚至曾经并将识别现在的事物中，解释出在时间与空间上已被移动的事物。我们是看不见一切的，但一切事物都在那里，达到无穷境无穷期”。一个人就是他所吃的东西，所以达柯塔的务农者，加利芳尼亚的种果者，以及千百万别的粮食供给者的工作，都是生活在他的身上。一个人就是他所想的东西，所以凡曾于他有所左右的人——自苏格拉底（Socrates）、柏拉图（Plato）、孔子以至于他本区教会的牧师和抚育保姆——都是生活在他的身上。一个人也就是他所享乐的东西，所以无数美术家和以技取悦的人，无论现尚生存或久已物故，有名无名，崇高粗俗，都是生活在他的身上。诸如此类，以至于无穷。

一千四百年前，有一个人写了一篇论“神灭”的文章，被认为亵渎神圣，有如是之甚，以致其君皇敕七十个大儒来相驳难，竟给其驳倒。但是五百年后，有一位史家把这篇文章在他的伟大的史籍中纪了一个撮要。又过了九百年，然后有一个十一岁的小孩偶然碰到这个三十五个字的简单撮要，而这三十五个字，于埋没了一千四百年之后，突然活了起来而生活于他的身上，更由他而生活于几千百个男男女女的身上。

1912 年，我的母校来了一位英国讲师，发表一篇演说：《论中国建立共和的不可能》。他的演讲当时我觉得很为不通，但是我以他对于母音 O 的特异的发音方法为有趣，我就坐在那里摹拟以自娱。他的演说久已忘记了，但是他对于母音 O 的发音方法，这些年来却总与我不离，说不定现在还在我的几千百个学生的口上，而从没有觉察到是由于我对于布兰特先生（Mr. J. C. P. Bland）的恶作剧的摹仿，而布兰特先生也是从不知道的。

两千五百年前，喜马拉雅山的一个山峡里死了一个乞丐。他的尸体在路傍已在就腐了，来了一个少年王子，看见这个怕人的景象，就从事思考起来。他想到人生及其他一切事物的无常，遂决心脱离家庭，前往旷野中去想出一个自救以救人类的方法。多年后，他从旷野里出来，做了释迦佛，而向世界宣布他所找出的拯救的方法。这样，甚至一个死丐尸体的腐溃，对于创立世界上一个最大的宗教，也曾不知不觉地贡献了其一部分。

这一个推想的线索引导我信了可以称为社会不朽（Social Immortality）的宗教，因为这个推想在大体上全系根据于社会对我的影响，日积月累而成小我，小我对于其本身是些什么，对于可以称社会、人类或大自在的那个大我有些什么施为，都留有一个抹不去的痕记这番意思。小我是会要死的，但是他还是继续存活在这个大我身上。这个大我乃是不朽的，他的一切善恶功罪，他的一切言行思想，无论是显著的或细微的，对的或不对的，有好处或有坏处——样样都是生存在其对于大我所产生的影响上。这个大我永远生存，做了无数小我胜利或失败的垂久宏大的左证。

这个社会不朽的概念之所以比中国古代三不朽学说更为满意，就在于包括英雄圣贤，也包括贱者微者，包括美德，也包括恶德，包括功绩，也包括罪孽。就是这项承认善的不朽，也承认恶的不朽，才构成这种学说道德上的许可。一个死尸的腐烂可以创立一个宗教，但也可以为患全个大陆。一个酒店侍女偶发一个议论，可以使一个波斯僧侣豁然大悟，但是一个错误的政治或社会改造议论，却可以引起几百年的杀人流血。发现一个极微的杆菌，可以福利几千百万人，但是一个害痨的人吐出的一小点痰涎，也可以害死大批的人，害死几世几代。

人所做的恶事，的确是在他们身后还存在的！就是明白承认行为的结果才构成我们道德责任的意识。小我对于较大的社会的我负有巨大的债项，把他干的什么事情，作的什么思想，做的什么人物，概行对之负起责任，乃是他的职分。人类之为现在的人类，固是由我们祖先的智行愚行所造而成，但是到我们做完了我们分内时，我们又将由人类将成为怎么样而受裁判了。我们要说，“我们之后是大灾大厄”吗？抑或要说，“我们之后是幸福无疆”吗？

10

1923年，我又得了一个时机把我们信条列成更普通的条文。地质学家丁文江氏所著，在我所主编的一个周报上发表，论《科学与人生观》的一篇文章，开始了一场差不多延持了一个足年的长期论战。在中国凡有点地位的思想家，全都曾参与其事。到1923年终，由某个善经营的出版家把这论战的文章收集起来，字数竟达二十五万。我被请为这个集子作序。我的序言给这本已卷帙繁重的文集又加了一万字，而以我所拟议的“新宇宙观和新人生观的轮廓”为结论，不过有些含有敌意的基督教会，却以恶作剧的口吻，称其为“胡适的新十诫”，我现在为其自有其价值而选译出来：

1. 根据于天文学和物理学的知识，叫人知道空间的无限之大。

2. 根据于地质学及古生物学的知识，叫人知道时间的无穷之长。

3. 根据于一切科学，叫人知道宇宙及其中万物的运行变迁皆是自然的——自己如此的——正用不着什么超自然的主宰或造物者。

4. 根据于生物学的科学知识，叫人知道生物界的生存竞争的浪费与惨酷——因此叫人更可以明白那“有好生之德”的主宰的假设是不能成立的。

5. 根据于生物学、生理学、心理学的知识，叫人知道人不过是动物的一种；他和别种动物只有程序的差异，并无种类的区别。

6. 根据于生物的科学及人类学、人种学、社会学的知识，叫人知道生物及人类社会演进的历史和演进的原因。

7. 根据于生物的及心理的科学，叫人知道一切心理的现象都是有因的。

8. 根据于生物学及社会学的知识，叫人知道道德礼教是变迁的，而变迁的原因都是可以用科学的方法寻求出来的。

9. 根据于新的物理化学的知识，叫人知道物质不是死的，是活的；不是静的，是动的。

10. 根据于生物学及社会学的知识，叫人知道个人——“小我”——是要死灭的，而人类——“大我”——不是死的，不朽的；

叫人知道“为全种万世而生活”就是宗教，就是最高的宗教。而那些替个人谋死后的“天堂”“净土”的宗教，乃是自私自利的宗教。

我结论道：

这种新人生观是建筑在二三百年的科学常识之上的一个大假设，我们也许可以给他加上“科学的人生观”的尊号。但为避免无谓的争论起见，我主张叫他做“自然主义的人生观”。

我们在那个自然主义的宇宙里，在那无穷之大的空间里，在那无穷之长的时间里，这个平均高五尺六寸，上寿不过百年的两手动物——人——真是一个藐乎其小的微生物了。在那个自然主义的宇宙里，天行是有常度的，物变是有自然法则的，因果的大法支配着他——人——的一切生活，生存竞争的惨剧鞭策着他的一切行为，——这个两手动物的自由真是很有限的了。

然而那个自然主义的宇宙里的这个渺小的两手动物，却也有他的相当的地位和相当的价值。他用的两手和一个大脑，居然能作出许多器具，想出许多方法，造成一点文化。他不但驯伏了许多禽兽，他还能考究宇宙间的自然法则，利用这些法则来驾驭天行，到现在他居然能叫电气给他赶车，以太给他送信了。

他的智慧的长进就是他的能力的增加。然而智慧的长进却又使他的胸襟扩大，想像力提高。他也曾拜物拜畜生，也曾怕神怕鬼，但他现在渐渐地脱离了这种种幼稚的时期，他现在渐渐明白：空间之大只增加他对于宇宙的美感；时间之长只使他格外明了祖宗创业之艰难；天行之有常只增加他制裁自然界的能力。

甚至于因果律之笼罩一切，也并不见得束缚他的自由。因为因果律的作用，一方面使他可以由因求果，由果推因，解释过去，预测未来；一方面又使他可以运用他的智慧，创造新因，以求新果。甚至于生存竞争的观念也并不见得就使他成为一个冷酷无情的畜生，也许还可以格外增加他对于同类的同情心，格外使他深信互助的重要，格外使他注重人为的努力，以减免天然竞争的惨酷与浪费。总而言之，这个自然主义的人生观里，未尝没有美，未尝没有诗意，未尝没有道德的责任，未尝没有充分运用创造的智慧的机会。

四十自述

胡适

我在学堂里的名是胡洪骍。有一天的早晨，我请我二哥代我想一个表字，二哥一面洗脸，一面说："就用'物竞天择，适者生存'的'适'字，好不好？"我很高兴，就用"适之"二字。后来我发表文字，偶然用"胡适"作笔名，直到考试留美官费时（1910年）我才正式用"胡适"的名字。

自序

我在这十几年中，因为深深的感觉中国最缺乏传记的文学，所以到处劝我的老辈朋友写他们的自传。不幸的很，这班老辈朋友虽然都答应了，终不肯下笔。最可悲的一个例子是林长民先生，他答应了写他的五十自述作他五十岁生日的纪念；到了生日那一天，他对我说："适之，今年实在太忙了，自述写不成了；明年生日我一定补写出来。"不幸他庆祝了五十岁的生日之后，不上半年，他就死在郭松龄的战役里，他那富于浪漫意味的一生就成了一部人间永不能读的逸书了！

梁启超先生也曾同样地允许我。他自信他的体力精力都很强，所以他不肯写他的自传。谁也不料那样一位生龙活虎一般的中年作家，只活了五十五岁！虽然他的信札和诗文留下了绝多的传记材料，但谁能有他那样"笔锋常带感情"的健笔，来写他那五十五年最关重要又最有趣味的生活呢！中国近世历史与中国现代文学就都因此受了一桩无法补救的绝大损失了。

我有一次见着梁士诒先生，我很诚恳地劝他写一部自叙，因为我知道他在中国政治史与财政史上，都曾扮演过很重要的角色，所以我希望他替将来的史家留下一点史料。我也知道他写的自传也许是要替他自己洗刷他的罪过；但这是不妨事的，有训练的史家自有防弊的方法；最要紧的是要他自己写他心理上的动机，黑幕里的线索，和他站在特殊地位的观察。前两个月，我读了梁士诒先生的讣告，他的自叙或年谱大概也就成了我的梦想了。

此外，我还劝过蔡元培先生、张元济先生、高梦旦先生、陈独秀先生、熊希龄先生、叶景葵先生。我盼望他们都不要叫我失望。

前几年，我的一位女朋友忽然发愤写了一部六七万字的自传，我读了很感动，认为是中国妇女的自传文学的破天荒的写实创作。但不幸她在一种精神病态中把这部稿本全烧了。当初她每写成一篇寄给我看时，我因为尊重她的意思，不曾替她留一个副本，至今引为憾事。

我的《四十自述》，只是我的“传记热”的一个小小的表现。这四十年的生活可分作三个阶段，留学以前为一段，留学的七年（1910—1917）为一段，归国以后（1917—1931）为一段。我本想一气写成，但因为种种打断，只写成了这第一段的六章。现在我又出国去了，归期还不能确定，所以我接受了亚东图书馆的朋友们的劝告，先印行这几章。这几章都先在《新月》月刊上发表过，现在我都从头校改过，事实上的小错误和文字上的疏忽，都改正了。我的朋友周作人先生、葛祖兰先生和族叔堇人先生，都曾矫正我的错误，都是我最感谢的。

关于这书的体例，我要声明一点。我本想从这四十年中挑出十来个比较有趣味的题目，用每个题目来写一篇小说式的文字，略如第一篇写我的父母的结婚。这个计划曾经得死友徐志摩的热烈的赞许，我自己也很高兴，因为这个方法是自传文学上的一条新路子，并且可以让我（遇必要时）用假的人名地名，描写一些太亲切的情绪方面的生活。但我究竟是一个受史学训练深于文学训练的人，写完了第一篇，写到了自己的幼年生活，就不知不觉地抛弃了小说的体裁，回到了谨严的历史叙述的老路上去了。这一变颇使志摩失望，但他读了那写家庭和乡村教育的一章，也曾表示赞许；还有许多朋友写信来说这一章比前一章更动人。从此以后，我就爽性这样写下去了。因为第一章只是用小说体追写一个传记，其中写那太子会颇有用想象补充的部分，虽然堇人叔来信指出，我也不去更动了。但因为传闻究竟与我自己的亲见亲闻有别，所以我把这一章提出，称为“序幕”。

我的这部《自述》虽然至今没写成，几位旧友的自传，如郭沫若先生的，如李季先生的，都早已出版了。自传的风气似乎已开了。我很盼望我们这几个三四十岁的人的自传的出世，可以引起一班老年朋友的兴趣，可以使我们的文学里添出无数的可读而又可信的传记来。我们抛出几块砖瓦，只是希望能引出许多块美玉宝石来；我们赤裸裸地叙述我们少年时代的琐碎生活，为的是希望社会上做过一番事业的人也会赤裸裸地记载他们的生活，给史家做材料，给文学开生路。

胡适

二二，六，二七，在太平洋上

序　幕　我的母亲的订婚

01

太子会是我们家乡秋天最热闹的神会，但这一年的太子会却使许多人失望。

神伞一队过去了。都不过是本村各家的绫伞，没有什么新鲜花样。去年大家都说，恒有绸缎庄预备了一顶珍珠伞。因为怕三先生说话，故今年他家不敢拿出来。

昆腔今年有四队，总算不寂寞。昆腔子弟都穿着“半截长衫”，上身是白竹布，下半是湖色杭绸。每人小手指上挂着湘妃竹柄的小纨扇，吹唱时纨扇垂在笙笛下面摇摆着。

扮戏今年有六出，都是“正戏”，没有一出花旦戏。这也是三先生的主意。后村的子弟本来要扮一出《翠屏山》，也因为怕三先生说话，改了《长坂坡》。其实七月的日光底下，甘糜二夫人脸上的粉已被汗洗光了，就有潘巧云也不会怎样特别出色。不过看会的人的心里总觉得后村很漂亮的小棣没有扮潘巧云的机会，只扮作了糜夫人，未免太可惜了。

今年最扫兴的是没有扮戏的“抬阁”。后村的人早就练好了两架“抬阁”，一架是《龙虎斗》，一架是《小上坟》。不料三先生今年回家过会场，他说抬阁太高了，小孩子热天受不了暑气，万一跌下来，不是小事体。他极力阻止，抬阁就扮不成了。

粗乐和昆腔一队一队地过去了。扮戏一出一出地过去了。接着便是太子的神轿。路旁的观众带着小孩的，都喊道，“拜呵！拜呵！”许多穿着白地蓝花布褂的男女小孩都合掌拜揖。

神轿的后面便是拜香的人！有的穿着夏布长衫，捧着炷香；有的穿着短衣，拿着香炉挂，炉里烧着檀香。还有一些许愿更重的，今天来“吊香”还愿；他们上身穿白布褂，扎着朱青布裙，远望去不容易分别男女。他们把香炉吊在铜钩上，把钩子钩在手腕肉里，涂上香灰，便可不流血。今年吊香的人很多，有的只吊在左手腕上，有的双手都吊；有的只吊一个小香炉，有的一只手腕上吊着两个香炉。他们都是虔诚还愿的人。悬着挂香炉的手腕，跟着神轿走多少里路，虽然有自家人跟着打扇，但也有半途中暑热走不动的。

冯顺弟搀着她的兄弟，跟着她的姑妈，站在路边石磴上看会。她今年十四岁了，家在十里外的中屯，有个姑妈嫁在上庄，今年轮着上庄做会，故她的姑丈家接她姐弟来看会。

她是个农家女子，从贫苦的经验里得着不少的知识，故虽是十四岁的女孩儿，却很有成人的见识。她站在路旁听着旁人批评今年的神会，句句总带着三先生。“三先生今年在家过会，可把会弄糟了。”“可不是呢？抬阁也没有了。”“三先生还没有到家，八都的鸦片烟馆都关门了，赌场也都不敢开了。七月会场上没有赌场，又没有烟灯，这是多年没有的事。”

看会的人，你一句，他一句，顺弟都听在心里。她心想，三先生必是一个了不得的人，能叫赌场烟馆不敢开门。

会过完了，大家纷纷散了。忽然她听见有人低声说，“三先生来了！”她抬起头来，只见路上的人都纷纷让开一条路；只听见许多人都叫“三先生”。

前面走来了两个人。一个高大的中年人，面容紫黑，有点短须，两眼有威光，令人不敢正眼看他；他穿着苎布大袖短衫，苎布大脚管的裤子，脚下穿着苎布鞋子，手里拿着一杆旱烟管。和他同行的是一个老年人，瘦瘦身材，花白胡子，也穿着短衣，拿着旱烟管。

顺弟的姑妈低低说，“那个黑面的，是三先生；那边是月吉先生，他的学堂就在我们家的前面。听人说三先生在北边做官，走过了万里长城，还走了几十日，都是没有人烟的地方，冬天冻杀人，夏天热杀人；冬天冻塌鼻子，夏天蚊虫有苍蝇那么大。三先生肯吃苦，不怕日头不怕风，在万里长城外住了几年，把脸晒得像包龙图一样。”

这时候，三先生和月吉先生已走到她们面前，他们站住说了一句话，三先生独自下坡去了；月吉先生却走过来招呼顺弟的姑妈，和她们同行回去。

月吉先生见了顺弟，便问道，“灿嫂，这是你家金灶舅的小孩子吗？”

“是的。顺弟，诚厚，叫声月吉先生。”

月吉先生一眼看见了顺弟脑后的发辫，不觉喊道，“灿嫂，你看这姑娘的头发一直拖到地！这是贵相！是贵相！许了人家没有？”

这一问把顺弟羞的满脸绯红，她牵着她弟弟的手往前飞跑，也不顾她姑妈了。

她姑妈一面喊，“不要跌了！”回头对月吉先生说，“还不曾许人家。这孩子很稳重，很懂事。我家金灶哥总想许个好好人家，所以今年十四岁了，还不曾许人家。”

月吉先生说，“你开一个八字给我，我给她排排看。你不要忘了。”

他到了自家门口，还回过头来说：“不要忘记，叫灿哥抄个八字给我。”

02

顺弟在上庄过了会场，她姑丈送她姊弟回中屯去。七月里天气热，日子又长，他们到日头快落山时才起身，走了十里路，到家时天还没全黑。

顺弟的母亲刚牵了牛进栏，见了他们，忙着款待姑丈过夜。

“爸爸还没有回来吗？”顺弟问。

“姊姊，我们去接他。”姊姊和弟弟不等母亲回话，都出去了。

他们到了村口，远远望见他们的父亲挑着一担石头进村来。他们赶上去喊着爸爸，姊姊弟弟每人从担子里拿了一块石头，捧着跟他走。他挑到他家的旧屋基上，把石头倒下去，自己跳下去，把石子铺平，才上来挑起空担回家去。

顺弟问，“这是第三担了吗？”

她父亲点点头，只问他们看的会好不好，戏好不好，一同回家去。

顺弟的父亲姓冯，小名金灶。他家历代务农，辛辛苦苦挣起了一点点小产业，居然有几亩自家的田，一所自家的屋。金灶十三四岁的时候，长毛贼到了徽州，中屯是绩溪北乡的大路，整个村子被长毛烧成平地。金灶的一家老幼都被杀了，只剩他一人，被长毛掳去。长毛军中的小头目看这个小孩子有气力，能吃苦，就把他脸上刺了“太平天国”四个蓝字，叫他不能逃走。军中有个裁缝，见这个孩子可怜，收他做徒弟，叫他跟着学裁缝。金灶学了一手好裁缝，在长毛营里混了几年，从绩溪跟到宁国、广德，居然被他逃走出来。但因为面上刺了字，捉住他的人可以请赏，所以他不敢白日露面。他每日躲在破屋场里，挨到夜间，才敢赶路。他吃了种种困苦，好容易回到家乡，只寻得一片焦土，几座焦墙，一村的丁壮留剩的不过二三十人。

金灶是个肯努力的少年，他回家之后，寻出自家的荒田，努力耕种。有余力就帮人家种田，做裁缝。不上十年，他居然修葺了村里一间未烧完的砖屋，娶了一个妻子。夫妻都能苦做苦吃，渐渐有了点积蓄，渐渐挣起了一个小小的家庭。

他们头胎生下一个女儿。在那大乱之后，女儿是不受欢迎的，所以她的名字叫做顺弟，取个下胎生个弟弟的吉兆。隔了好几年，果然生了一个儿子，他们都很欢喜。

金灶为人最忠厚；他的裁缝手艺在附近村中常有雇主，人都说他诚实勤谨。外村的人都尊敬他，叫他金灶官。

但金灶有一桩最大的心愿，他总想重建他祖上传下来、被长毛烧了的老屋。他一家人都被杀完了，剩下他这一个人，他觉得天留他一个人是为中兴他的祖业的。他立下了一个誓愿：要在老屋基上建造起一所更大又更讲究的新屋。

他费了不少功夫，把老屋基扒开，把烧残砖瓦拆扫干净，准备重新垫起一片高地基，好在上面起造一所高爽干燥的新屋。他每日天未明就起来了；天刚亮，就到村口溪头去拣选石子，挑一大担回来，铺垫地基。来回挑了三担之后，他才下田去做工；到了晚上歇工时，他又去挑三担石子，才吃晚饭。农忙过后，他出村帮人家做裁缝，每天也要先挑三担石子，才去上工；晚间吃了饭回来，又要挑三担石子，才肯休息。

这是他的日常功课，家中的妻子女儿都知道他的心愿，女流们不能帮他挑石头，又不能劝他休息，劝他也没有用处。有时候，他实在疲乏了，挑完石子回家，倒在竹椅上吸旱烟，眼望着十几岁的女儿和几岁的儿子，微微叹一口气。

顺弟已是懂事的了，她看见她父亲这样辛苦做工，她心里好不难过。她常常自恨不是个男子，不能代她父亲下溪头去挑石头。她只能每日早晚到村口去接她父亲，从他的担子里捧出一两块石头来，拿到屋基上，也算是分担了他的一点辛苦。

看看屋基渐渐垫高了，但砖瓦木料却全没有着落。高敞的新屋还只存在她一家人的梦里。顺弟有时做梦，梦见她是个男子，做了官回家看父母，新屋早已造好了，她就在黑漆的大门外下轿。下轿来又好像做官的不是她，是她兄弟。

03

这一年，顺弟十七岁了。

一天的下午，金灶在三里外的张家店做裁缝，忽然走进了一个中年妇人，叫声“金灶舅”。他认得她是上庄的星五嫂，她娘家离中屯不远，所以他从小认得她。她是三先生的伯母，她的丈夫星五先生也是八都的有名绅士，所以人都叫她“星五先生娘”。

金灶招呼她坐下。她开口道：“巧极了，我本打算到中屯看你去，走到了张家店，才知道你在这里做活。巧极了。金灶舅，我来寻你，是想开你家顺弟的八字。”

金灶问是谁家。

星五先生娘说：“就是我家大侄儿三哥。”

“三先生？”

“是的，三哥今年四十七，前头讨的七都的玉环，死了十多年了。玉环生下了儿女一大堆——三个儿子，三个女儿——现在都长大了。不过他在外头做官，没有个家眷，实在不方便。所以他写信来家，要我们给他定一头亲事。”

金灶说，“我们种田人家的女儿哪配做官太太？这件事不用提。”

星五先生娘说：“我家三哥有点怪脾气。他今年写信回来说，一定要讨一个做庄稼人家的女儿。”

“什么道理呢？”

"他说，做庄稼人家的人身体好，不会像玉环那样痨病鬼。他又说，庄稼人家晓得艰苦。"

金灶说："这件事不会成功的。一来呢，我们配不上做官人家。二来，我家女人一定不肯把女儿给人做填房。三来，三先生家的儿女都大了，他家大儿子大女儿都比顺弟大好几岁，这样人家的晚娘是不容易做的。这个八字不用开了。"

星五先生娘说："你不要客气。顺弟很稳重，是个有福气的人。金灶舅，你莫怪我直言，顺弟今年十七岁了，眼睛一睐，二十岁到头上，你哪里去寻一个青头郎？填房有什么不好？三哥的信上说了，新人过了门，他就要带上任去。家里的儿女，大女儿出嫁了；大儿子今年做亲，留在家里；二女儿是从小给了人家了；三女儿也留在家里。将来在任上只有两个双胞胎的十五岁小孩子，他们又都在学堂里。这个家也没有什么难照应。"

金灶是个老实人，他也明白她的话有驳不倒的道理。家乡风俗，女儿十三四岁总得定亲了，十七八岁的姑娘总是做填房的居多。他们夫妇因为疼爱顺弟，总想许个念书人家，所以把她耽误了。这是他们做父母的说不出的心事。所以他今天很有点踌躇。

星五先生娘见他踌躇，又说道："金灶舅，你不用多心。你回去问问金灶舅母，开个八字。我今天回娘家去，明朝我来取。八字对不对，辰肖合不合，谁也不知道。开个八字总不妨事。"金灶一想，开个八字诚然不妨事，他就答应了。

这一天，他从张家店回家，顺弟带了弟弟放牛去了，还没有回来。他放下针钱包和熨斗，便在门里板凳上坐下来吸旱烟。他的妻子见他有心事的样子，忙过来问他。他把星五嫂的话对她说了。

她听了大生气，忙问，"你不曾答应她开八字？"

他说，"我说要回家商量商量。不过开个八字给他家，也不妨事。"

她说，"不行。我不肯把女儿许给快五十岁的老头子。他家儿女一大堆，这个晚娘不好做。做官的人家看不起我们庄户人家的女儿，将来让人家把女儿欺负煞，谁家来替我们伸冤？我不开八字。"

他慢吞吞地说，"顺弟今年十七岁了，许人家也不容易。三先生是个好人——"

她更生气了，“是的，都是我的不是。我不该心高，耽误了女儿的终身。女儿没有人家要了，你就想送给人家做填房，做晚娘。做填房也可以，三先生家可不行。他家是做官人家，将来人家一定说我们贪图人家有势力，把女儿卖了，想换个做官的女婿。我背不起这个恶名。别人家都行，三先生家我不肯。女儿没人家要，我养她一世。”

他们夫妻吵了一场，后来金灶说，“不要吵了。这是顺弟自家的事，吃了夜饭，我们问问她自己。好不好？”她也答应了。

晚饭后，顺弟看着兄弟睡下，回到菜油灯下做鞋。金灶开口说，“顺弟，你母亲有句话要问你。”

顺弟抬起头来，问妈有什么话。她妈说，“你爸爸有话问你，不要朝我身上推。”

顺弟看她妈有点气，不知道是怎么一回事，只好问她爸。她爸对她说，“上庄三先生要讨个填房，他家今天叫人来开你的八字。你妈嫌他年纪太大，四十七岁了，比你大三十岁，家中又有一大堆儿女。晚娘不容易做，我们怕将来害了你一世，所以要问问你自己。”

他把今天星五嫂的话说了一遍。

顺弟早已低下头去做针线，半晌不肯开口。她妈也不开口。她爸也不说话了。

顺弟虽不开口，心里却在那儿思想。她好像闭了眼睛，看见她的父亲在天刚亮的时候挑着一大担石头进村来，看见那大块屋基上堆着他一担一担地挑来的石头，看见她父亲晚上坐在黑影地里沉思叹气。一会儿，她又仿佛看见她做了官回来，在新屋的大门口下轿。一会儿，她的眼前又仿佛现出了那紫黑面孔，两眼射出威光的三先生……

她心里这样想：这是她帮她父母的机会到了。做填房可以多接聘金。前妻儿女多，又是做官人家，聘金财礼总应该更好看点。她将来总还可以帮她父母的忙。她父亲一生梦想的新屋总可以成功……三先生是个好人，人人都敬重他，只有开赌场烟场馆的人怕他恨他……

她母亲说话的声音打断了她的思想。她妈说，“对了我们，有什么话不好说？你说吧！”

顺弟抬起眼睛来，见她爸妈都望着她自己。她低下头去，红着脸说道：

“只要你们俩都说他是个好人，请你们俩作主。”她接着又加上一句话，“男人家四十七岁也不能算是年纪大。”

她爸叹了一口气。她妈可气得跳起来了，忿忿地说，“好呵！你想做官太太了！好罢！听你情愿吧！”

顺弟听了这句话，又羞又气，手里的鞋面落在地上，眼泪直滚下来。她拾起鞋面，一声不响，走到她房里去哭了。

经过了这一番家庭会议之后，顺弟的妈明白她女儿是愿意的了，她可不明白她情愿卖身来帮助爹妈的苦心，所以她不指望这门亲事成功。

她怕开了八字去，万一辰肖相合，就难回绝了；万一八字不合，旁人也许要笑她家高攀不上做官人家。她打定主意，要开一张假八字给媒人拿去。第二天早晨，她到祠堂蒙馆去，请先生开一个庚帖，故意错报了一天生日，又错报了一个时辰。先生翻开《万年历》，把甲子查明写好，她拿回去交给金灶。

那天下午，星五先生娘到张家拿到了庚帖，高兴得很。回到了上庄，她就去寻着月吉先生，请他把三先生和她的八字排排看。

月吉先生看了八字，问是谁家女儿。

“中屯金灶官家的顺弟。”

月吉先生说，“这个八字开错了。小村乡的蒙馆先生连官本（俗称历书为官本）也不会查，把八个字抄错了四个字。”

星五先生娘说，“你怎么知道八字开错了？”

月吉先生说，“我算过她的八字，所以记得。大前年村里七月会，我看见这女孩子，她不是灿嫂的侄女吗？圆圆面孔，有一点雀斑，头发很长，是吗？面貌并不美，倒稳重得很，不像个庄稼人家的孩子。我那时问灿嫂讨了她的八字来算算看。我算过的八字，三五年不会忘记的。”

他抽开书桌的抽屉，寻出一张字条来，说，“可不是呢？在这里了。”他提起笔来，把庚帖上的八字改正，又把三先生的八字写出。他排了一会，对星五先生娘说，“八字是对的，不用再去对了。星五嫂，你的眼力不差，这个人配得上三哥。相貌是小事，八字也是小事，金灶官家的规矩好。你明天就去开礼单。三哥那边，我自己写信去。”

过了两天，星五先生娘到了中屯，问金灶官开“礼单”。她埋怨道，“你们村上的先生不中用，把八字开错了，几乎误了事。”

金灶嫂心里明白，问谁说八字开错了的。星五先生娘一五一十地把月吉先生的话说了。金灶夫妻很诧异，他们都说，这是前世注定的姻缘。金灶嫂现在也不反对了。他们答应开礼单，叫她隔几天来取。

冯顺弟就是我的母亲，三先生就是我的父亲铁花先生。在我父亲的日记上，有这样几段记载：

> 【光绪十五年（1889 年）二月】十六日，行五十里，抵家……
>
> 二十一日，遣媒人订约于冯姓，择定三月十二日迎娶……
>
> 三月十一日，遣舆诣七都中屯迎娶冯氏。
>
> 十二日，冯氏至。行合卺礼。谒庙。
>
> 十三日，十四日，宴客……
>
> 四月初六日，往中屯，叩见岳丈岳母。
>
> 初七日，由中屯归……
>
> 五月初九日，起程赴沪，天雨，行五十五里，宿旌之新桥。

十九，六，二十六

此篇原载 1931 年 3 月 10 日《新月》第 3 卷第 1 号

第一章　九年的家乡教育

01

我生在光绪十七年十一月十七日（1891 年 12 月 17 日），那时候我家寄住在上海大东门外。我生后两个月，我父亲被台湾巡抚邵友濂调往台湾；江苏巡抚奏请免调，没有效果。我父亲于十八年二月底到台湾，我母亲和我搬到川沙住了一年。十九年（1893 年）二月二十六日我们一家（我母、四叔介如、二哥嗣秬、三哥嗣秠）也从上海到台湾。我们在台南住了十个月。十九年五月，我父亲做台东直隶州知州，兼统镇海后军各营。台东是新设的州，一切草创，故我父不能带家眷去。到十九年底，我们才到台东。我们在台东住了整一年。

甲午（1894 年）中日战事开始，台湾也在备战的区域，恰好介如四叔来台湾，我父亲便托他把家眷送回徽州故乡，只留二哥嗣秬跟着他在台东。我们于乙未年（1895 年）正月离开台湾，二月初十日从上海起程回绩溪故乡。

那年四月，中日和议成，把台湾割让给日本。台湾绅民反对割台，要求巡抚唐景崧坚守。唐景崧请西洋各国出来干涉，各国不允。台人公请唐为台湾民主国大总统，帮办军务刘永福为主军大总统。我父亲在台东办后山的防务，电报已不通，饷源已断绝。那时他已得脚气病，左脚已不能行动。他守到闰五月初三日，始离开后山。到安平时，刘永福苦苦留他帮忙，不肯放行。到六月二十五日，他双脚都不能动了，刘永福始放他行。六月二十八日到厦门，手足俱不能动了。七月初三日他死在厦门，成为东亚第一个民主国的第一个牺牲者！

这时候我只有三岁零八个月。我仿佛记得我父亲死信到家时，我母亲正在家中老屋的前堂，她坐在房门口的椅子上。她听见读信人读到我父亲的死信，身子往后一倒，连椅子倒在房门槛上。东边房门口坐的珍伯母也放声大哭起来，一时满屋都是哭声，我只觉得天地都翻覆了！我只仿佛记得这一点凄惨的情状，其余都不记得了。

02

我父亲死时，我母亲只有二十三岁。我父初娶冯氏，结婚不久便遭太平天国之乱，同治二年（1863 年）死在兵乱里。次娶曹氏，生了三个儿子，三个女儿，死于光绪四年（1878 年）。我父亲因家贫，又有志远游，故久不续娶。到光绪十五年（1889 年），他在江苏候补，生活稍稍安定，才续娶我的母亲。我母亲结婚后三天，我的大哥嗣秾也娶亲了。那时我的大姊已出嫁生了儿子。大姊比我母亲大七岁。大哥比她大两岁。二姊是从小抱给人家的。三姊比我母亲小三岁，二哥三哥（孪生的）比她小四岁。这样一个家庭里忽然来了一个十七岁的后母，她的地位自然十分困难，她的生活自然免不了苦痛。

结婚后不久，我父亲把她接到了上海同住。她脱离了大家庭的痛苦，我父又很爱她，每日在百忙中教她认字读书，这几年的生活是很快乐的。我小时也很得我父亲钟爱，不满三岁时，他就把教我母亲的红纸方字教我认。父亲作教师，母亲便在旁作助教。我认的是生字，她便借此温她的熟字。他太忙时，她就是代理教师。我们离开台湾时，她认得了近千字，我也认得了七百多字。这些方字都是我父亲亲手写的楷字，我母亲终身保存着，因为这些方块红笺上都是我们三个人的最神圣的团居生活的纪念。

我母亲二十三岁就做了寡妇，从此以后，又过了二十三年。这二十三年的生活真是十分苦痛的生活，只因为还有我这一点骨血，她含辛茹苦，把全副希望寄托在我的渺茫不可知的将来，这一点希望居然使她挣扎着活了二十三年。

我父亲在临死之前两个多月，写了几张遗嘱，我母亲和四个儿子每人各有一张，每张只有几句话。给我母亲的遗嘱上说穈儿（我的名字叫嗣穈，穈字音门）天资颇聪明，应该令他读书。给我的遗嘱也教我努力读书上进。这寥寥几句话在我的一生很有重大的影响。我十一岁的时候，二哥和三哥都在家，有一天我母亲问他们道："穈今年十一岁了。你老子叫他念书。你们看看他念书念得出吗？"二哥不曾开口，三哥冷笑道："哼，念书！"二哥始终没有说什么。我母亲忍气坐了一会，回到了房里才敢掉眼泪。她不敢得罪他们，因为一家的财政权全在二哥的手里，我若出门求学是要靠他供给学费的。所以她只能掉眼泪，终不敢哭。

但父亲的遗嘱究竟是父亲的遗嘱，我是应该念书的。况且我小时很聪明，四乡的人都知道三先生的小儿子是能够念书的。所以隔了两年，三哥往上海医肺病，我就跟他出门求学了。

03

我在台湾时，大病了半年，故身体很弱。回家乡时，我号称五岁了，还不能跨一个七八寸高的门槛。但我母亲望我念书的心很切，故到家的时候，我才满三岁零几个月，就在我四叔父介如先生（名玠）的学堂里读书了。我的身体太小，他们抱我坐在一只高凳子上面。我坐上了就爬不下来，还要别人抱下来。但我在学堂并不算最低级的学生，因为我进学堂之前已认得近一千字了。

因为我的程度不算"破蒙"的学生，故我不须念《三字经》《千字文》《百家姓》《神童诗》一类的书。我念的第一部书是我父亲自己编的一部四言韵文，叫做《学为人诗》，他亲笔抄写了给我的。这部书说的是做人的道理。我把开头几行抄在这里：

为人之道，在率其性。子臣弟友，循理之正。
谨乎庸言，勉乎庸行，以学为人，以期作圣。

以下分说五伦。最后三节，因为可以代表我父亲的思想，我也抄在这里：

五常之中，不幸有变，名分攸关，不容稍紊。
义之所在，身可以殉。求仁得仁，无所尤怨。

古之学者，察于人伦，因亲及亲，九族克敦；
因爱推爱，万物同仁。能尽其性，斯为圣人。

经籍所载，师儒所述，为人之道，非有他术。
穷理致知，返躬践实，黾勉于学，守道勿失。

我念的第二部书也是我父亲编的一部四言韵文，名叫《原学》，是一部略述哲理的书。这两部书虽是韵文，先生仍讲不了，我也懂不了。

我念的第三部书叫做《律诗六抄》，我不记是谁选的了。三十多年来，我不曾重见这部书，故没有机会考出此书的编者；依我的猜测，似是姚鼐的选本，但我不敢坚持此说。这一册诗全是律诗，我读了虽不懂得，却背得很熟。至今回忆，却完全不记得了。

我虽不曾读《三字经》等书，却因为听惯了别的小孩子高声诵读，我也能背这些书的一部分，尤其是那五七言的《神童诗》，我差不多能从头背到底。这本书后面的七言句子，如：

人心曲曲湾湾水，世事重重叠叠山。

我当时虽不懂得其中的意义，却常常嘴上爱念着玩，大概也是因为喜欢那些重字双声的缘故。

我念的第四部书以下，除了《诗经》，就都是散文的了。我依诵读的次序，把这些书名写在下面：

1. 《孝经》。
2. 朱子的《小学》，江永集注本。
3. 《论语》，以下四书皆用朱子注本。
4. 《孟子》。
5. 《大学》与《中庸》（《四书》皆连注文读）。
6. 《诗经》，朱子《集传》本（注文读一部分）。
7. 《书经》，蔡沈注本（以下三书不读注文）。

8. 《易经》，朱子《本义》本。

9. 《礼记》，陈澔注本。

读到了《论语》的下半部，我的四叔父介如先生选了颍州府阜阳县的训导，要上任去了，就把家塾移交给族兄禹臣先生（名观象）。四叔是个绅董，常常被本族或外村请出去议事或和案子；他又喜欢打纸牌（徽州纸牌，每副一百五十五张），常常被明达叔公、映基叔、祝封叔、茂张叔等人邀出去打牌。所以我们的功课很松，四叔往往在出门之前，给我们“上一进书”，叫我们自己念；他到天将黑时，回来一趟，把我们的习字纸加了圈，放了学，才又出门去。

四叔的学堂里只有两个学生，一个是我，一个是四叔的儿子嗣秫，比我大几岁。嗣秫承继给瑜婶（星五伯公的二子，珍伯、瑜叔，皆无子，我家三哥承继珍伯，秫哥承继瑜婶），她很溺爱他，不肯管束他，故四叔一走开，秫哥就溜到灶下或后堂去玩了（他们和四叔住一屋，学堂在这屋的东边小屋内）。我的母亲管得严厉，我又不大觉得念书是苦事，故我一个人坐在学堂里温书念书，到天黑才回家。

禹臣先生接收家塾后，学生就增多了。先是五个，后来添到十多个，四叔家的小屋不够用了，就移到一所大屋——名叫来新书屋——里去。最初添的三个学生，有两个是守瓒叔的儿子——嗣昭、嗣逵。嗣昭比我大两三岁。天资不算笨，却不爱读书，最爱“逃学”，我们土话叫做“赖学”。他逃出去，往往躲在麦田或稻田里，宁可睡在田里挨饿，却不愿念书。先生往往差嗣秫去捉；有时候，嗣昭被捉回来了，总得挨一顿毒打；有时候，连嗣秫也不回来了——乐得不回来了，因为这是“奉命差遣”，不算是逃学！

我常觉得奇怪，为什么嗣昭要逃学？为什么一个人情愿挨饿，挨打，挨大家笑骂，而不情愿念书？后来我稍懂得世事，才明白了。瓒叔自小在江西做生意，后来在九江开布店，才娶妻生子；一家人都说江西话，回家乡时，嗣昭弟兄都不容易改口音；说话改了，而嗣昭念书常带江西音，常常因此吃戒方或吃“作瘤栗”（钩起五指，打在头上，常打起瘤子，故叫做“作瘤栗”）。这是先生不原谅，难怪他不愿念书。

还有一个原因。我们家乡的蒙馆学金太轻，每个学生每年只送两块银元。

先生对于这一类学生，自然不肯耐心教书，每天只教他们念死书，背死书，从来不肯为他们“讲书”。小学生初念有韵的书，也还不十分叫苦。后来念《幼学琼林》、《四书》一类的散文，他们自然毫不觉得有趣味，因为全不懂得书中说的是什么。因为这个缘故，许多学生常常赖学；先有嗣昭，后来有个士祥，都是有名的“赖学胚”。他们都属于这每年两元钱的阶级。因为逃学，先生生了气，打得更利害。越打得利害，他们越要逃学。

我一个人不属于这“两元”的阶级。我母亲渴望我读书，故学金特别优厚，第一年就送六块钱，以后每年增加，最后一年加到十二元。这样的学金，在家乡要算“打破纪录”的了。我母亲大概是受了我父亲的叮嘱，她嘱托四叔和禹臣先生为我“讲书”：每读一字，须讲一字的意思；每读一句，须讲一句的意思。我先已认得了近千个“方字”，每个字都经过父母的讲解，故进学堂之后，不觉得很苦。念的几本书虽然有许多是乡里先生讲不明白的，但每天总遇着几句可懂的话。我最喜欢朱子《小学》里的记述古人行事的部分，因为那些部分最容易懂得，所以比较最有趣味。同学之中有念《幼学琼林》的，我常常帮他们的忙，教他们不认得的生字，因此常常借这些书看；他们念大字，我却最爱看《幼学琼林》的小注，因为注文中有许多神话和故事，比《四书》、《五经》有趣味多了。

有一天，一件小事使我忽然明白我母亲增加学金的大恩惠。一个同学的母亲来请禹臣先生代写家信给她的丈夫；信写成了，先生交她的儿子晚上带回家去。一会儿，先生出门去了，这位同学把家信抽出来偷看。他忽然过来问我道：“穈，这信上第一句‘父亲大人膝下’是什么意思？”他比我只小一岁，也念过《四书》，却不懂“父亲大人膝下”是什么！这时候，我才明白我是一个受特别待遇的人，因为别人每年出两块钱，我去年却送十块钱。我一生最得力的是讲书：父亲母亲为我讲方字，两位先生为我讲书。念古文而不讲解，等于念“揭谛揭谛，波罗揭谛”，全无用处。

04

当我九岁时，有一天我在四叔家东边小屋里玩耍。这小屋前面是我们的学堂，后边有一间卧房，有客来便住在这里。这一天没有课，我偶然走进那卧房里去，偶然看见桌子下一只美孚煤油板箱里的废纸堆中露出一本破书。我偶然捡起了这本书，两头都被老鼠咬坏了，书面也扯破了。但这一本破书忽然为我开辟了一个新天地，忽然在我的儿童生活史上打开了一个新鲜的世界！

这本破书原来是一本小字木板的《第五才子》，我记得很清楚，开始便是“李逵打死殷天锡”一回。我在戏台上早已认得李逵是谁了，便站在那只美孚破板箱边，把这本《水浒传》残本一口气看完了。不看尚可，看了之后，我的心里很不好过：这一本的前面是些什么？后面是些什么？这两个问题，我都不能回答，却最急要一个回答。

我拿了这本书去寻我的五叔，因为他最会“说笑话”（“说笑话”就是“讲故事”，小说书叫做“笑话书”），应该有这种笑话书。不料五叔竟没有这书，他叫我去寻宋焕哥。宋焕哥说，“我没有《第五才子》，我替你去借一部；我家中有部《第一才子》，你先拿去看，好吧？”《第一才子》便是《三国演义》，他很郑重地捧出来，我很高兴地捧回去。

后来我居然得着《水浒传》全部。《三国演义》也看完了。从此以后，我到处去借小说看。五叔、宋焕哥，都帮了我不少的忙。三姊夫（周绍瑾）在上海乡间周浦开店，他吸鸦片烟，最爱看小说书，带了不少回家乡；他每到我家来，总带些《正德皇帝下江南》《七剑十三侠》一类的书来送给我。这是我自己收藏小说的起点。我的大哥（嗣稼）最不长进，也是吃鸦片烟的，但鸦片烟灯是和小说书常作伴的——五叔、宋焕哥、三姊夫都是吸鸦片烟的——所以他也有一些小说书。大嫂认得一些字，嫁妆里带来了好几种弹词小说，如《双珠凤》之类。这些书不久都成了我的藏书的一部分。

三哥在家乡时多，他同二哥都进过梅溪书院，都做过南洋公学的师范生，旧学都有根底，故三哥看小说很有选择。我在他书架上只寻得三部小说：一部《红楼梦》，一部《儒林外史》，一部《聊斋志异》。二哥有一次回家，带了一部新译出的《经国美谈》，讲的是古希腊的爱国志士的故事，是日本人做的。这是我读外国小说的第一步。

帮助我借小说最出力的是族叔近仁，就是民国十二年和顾颉刚先生讨论古史的胡堇人。他比我大几岁，已“开笔”做文章了，十几岁就考取了秀才。我同他不同学堂，但常常相见，成了最要好的朋友。他天才很高，也肯用功，读书比我多，家中也颇有藏书。他看过的小说，常借给我看。我借到的小说，也常借给他看。我们两人各有一个小手折，把看过的小说都记在上面，时时交换比较，看谁看的书多。这两个折子后来都不见了，但我记得离开家乡时，我的折子上好像已有了三十多部小说了。

这里所谓“小说”，包括弹词、传奇，以及笔记小说在内。《双珠凤》在内，《琵琶记》也在内；《聊斋》《夜雨秋灯录》《夜谭随笔》《兰苕馆外史》《寄园寄所寄》《虞初新志》等也在内。从《薛仁贵征东》《薛丁山征西》《五虎平西》《粉妆楼》一类最无意义的小说，到《红楼梦》和《儒林外史》一类的第一流作品，这里面的程度已是天悬地隔了。我到离开家乡时，还不能了解《红楼梦》和《儒林外史》的好处。但这一大类都是白话小说，我在不知不觉之中得了不少的白话散文的训练，在十几年后于我很有用处。

看小说还有一桩绝大的好处，就是帮助我把文字弄通顺了。那时候正是废八股时文的时代，科举制度本身也动摇了。二哥三哥在上海受了时代思潮的影响，所以不要我“开笔”做八股文，也不要我学做策论经义。他们只要先生给我讲书，教我读书。但学堂里念的书，越到后来，越不好懂了。《诗经》起初还好懂，读到《大雅》，就难懂了；读到《周颂》，更不可懂了。《书经》有几篇，如《五子之歌》，我读得很起劲；但《盘庚》三篇，我总读不熟。我在学堂九年，只有《盘庚》害我挨了一次打。后来隔了十多年，我才知道《尚书》有今文和古文两大类，向来学者都说古文诸篇是假的，今文是真的；《盘庚》属于今文一类，应该是真的。但我研究《盘庚》用的代名词最杂乱不成条理，故我总疑心这三篇书是后人假造的。有时候，我自己想，我的怀疑《盘庚》，也许暗中含有报那一个“作瘤栗”的仇恨的意味罢？

《周颂》《尚书》《周易》等书都是不能帮助我作通顺文字的。但小说书却给了我绝大的帮助。从《三国演义》读到《聊斋志异》和《虞初新志》，这一跳虽然跳的太远，但因为书中的故事实在有趣味，所以我能细细读下去。石印本的《聊斋志异》有圈点，所以更容易读。到我十二三岁时，已能对本家姊妹们讲说《聊斋》故事了。那时候，四叔的女儿巧菊，禹臣先生的妹子广菊、多菊，祝封叔的女儿杏仙，和本家侄女翠苹、定娇等，都在十五六岁之间；她们常常邀我去，请我讲故事。我们平常请五叔讲故事时，忙着替他点火，装旱烟，替他捶背。现在轮到我受人巴结了。我不用人装烟捶背，她们听我说完故事，总去泡炒米，或做蛋炒饭来请我吃。她们绣花做鞋，我讲《凤仙》《莲香》《张鸿渐》《江城》。这样的讲书，逼我把古文的故事翻译成绩溪土话，使我更了解古文的文理。所以我到十四岁来上海开始作古文时，就能做很像样的文字了。

05

我小时身体弱，不能跟着野蛮的孩子们一块儿玩。我母亲也不准我和他们乱跑乱跳。小时不曾养成活泼游戏的习惯，无论在什么地方，我总是文绉绉的。所以家乡老辈都说我“像个先生样子”，遂叫我做“穈先生”。这个绰号叫出去之后，人都知道三先生的小儿子叫做穈先生了。既有“先生”之名，我不能不装出点“先生”样子，更不能跟着顽童们“野”了。有一天，我在我家八字门口和一班孩子“掷铜钱”，一位老辈走过，见了我，笑道：“穈先生也掷铜钱吗？”我听了羞愧得面红耳热，觉得大失了“先生”的身份！

大人们鼓励我装先生样子，我也没有嬉戏的能力和习惯，又因为我确是喜欢看书，所以我一生可算是不曾享过儿童游戏的生活。每年秋天，我的庶祖母同我到田里去“监割”（顶好的田，水旱无忧，收成最好，佃户每约田主来监割，打下谷子，两家平分），我总是坐在小树下看小说。十一二岁时，我稍活泼一点，居然和一群同学组织了一个戏剧班，做了一些木刀竹枪，借得了几付假胡须，就在村田里做戏。我做的往往是诸葛亮、刘备一类的文角儿；只有一次我做史文恭，被花荣一箭从椅子上射倒下去，这算是我最活泼的玩艺儿了。

我在这九年（1895—1904）之中，只学得了读书写字两件事。在文字和思想（看下章）的方面，不能不算是打了一点底子。但别的方面都没有发展的机会。有一次我们村里“当朋”（八都凡五村，称为“五朋”，每年一村轮着做太子会，名为“当朋”），筹备太子会，有人提议要派我加入前村的昆腔队里学习吹笙或吹笛。族里长辈反对，说我年纪太小，不能跟着太子会走遍五朋。于是我失掉了这学习音乐的唯一机会。三十年来，我不曾拿过乐器，也全不懂音乐；究竟我有没有一点学音乐的天资，我至今还不知道。至于学图画，更是不可能的事。我常常用竹纸蒙在小说书的石印绘像上，摹画书上的英雄美人。有一天，被先生看见了，挨了一顿大骂，抽屉里的图画都被搜出撕毁了。于是我又失掉了学做画家的机会。

但这九年的生活，除了读书看书之外，究竟给了我一点做人的训练。在这一点上，我的恩师就是我的慈母。

每天天刚亮时，我母亲就把我喊醒，叫我披衣坐起。我从不知道她醒来坐了多久了。她看我清醒了，才对我说昨天我做错了什么事，说错了什么话，要我认错，要我用功读书。有时候她对我说父亲的种种好处，她说："你总要踏上你老子的脚步。我一生只晓得这一个完全的人，你要学他，不要跌他的股。"（跌股便是丢脸，出丑。）她说到伤心处，往往掉下泪来。到天大明时，她才把我的衣服穿好，催我去上早学。学堂门上的锁匙放在先生家里；我先到学堂门口一望，便跑到先生家里去敲门。先生家里有人把锁匙从门缝里递出来，我拿了跑回去，开了门，坐下念生书。十天之中，总有八九天我是第一个去开学堂门的。等到先生来了，我背了生书，才回家吃早饭。

我母亲管束我最严，她是慈母兼任严父。但她从来不在别人面前骂我一句，打我一下。我做错了事，她只对我一望，我看见了她的严厉眼光，就吓住了。犯的事小，她等到第二天早晨我睡醒时才教训我。犯的事大，她等到晚上人静时，关了房门，先责备我，然后行罚，或罚跪，或拧我的肉。无论怎样重罚，总不许我哭出声音来。她教训儿子不是借此出气叫别人听的。

有一个初秋的傍晚，我吃了晚饭，在门口玩，身上只穿着一件单背心。这时候我母亲的妹子玉英姨母在我家住，她怕我冷了，拿了一件小衫出来叫我穿上。我不肯穿，她说："穿上吧，凉了。"我随口回答："娘（凉）什么！老子都不老子呀。"我刚说了这句话，一抬头，看见母亲从家里走出，我赶快把小衫穿上。但她已听见这句轻薄的话了。晚上人静后，她罚我跪下，重重的责罚了一顿。她说："你没了老子，是多么得意的事！好用来说嘴！"她气的坐着发抖，也不许我上床去睡。我跪着哭，用手擦眼泪，不知擦进了什么微菌，后来足足害了一年多的眼翳病。医来医去，总医不好。我母亲心里又悔又急，听说眼翳可以用舌头舔去，有一夜她把我叫醒，她真用舌头舔我的病眼。这是我的严师，我的慈母。

我母亲二十三岁做了寡妇，又是当家的后母。这种生活的痛苦，我的笨笔写不出一万分之一二。家中财政本不宽裕，全靠二哥在上海经营调度。大哥从小就是败子，吸鸦片烟，赌博，钱到手就光，光了就回家打主意，见了香炉就拿出去卖，捞着锡茶壶就拿出去押。我母亲几次邀了本家长辈来，给他定下每月用费的数目。但他总不够用，到处都欠下烟债赌债。每年除夕我家中总有一大群讨债的，每人一盏灯笼，坐在大厅上不肯去。大哥早已避出去了。大厅的两排椅子上满满的都是灯笼和债主。我母亲走进走出，料理年夜饭，谢灶神，压岁钱等事，只当做不曾看见这一群人。到了近半夜，快要“封门”了，我母亲才走后门出去，央一位邻舍本家到我家来，每一家债户开发一点钱。做好做歹的，这一群讨债的才一个一个提着灯笼走出去。一会儿，大哥敲门回来了。我母亲从不骂他一句。并且因为是新年，她脸上从不露出一点怒色。这样的过年，我过了六七次。

大嫂是个最无能而又最不懂事的人，二嫂是个很能干而气量很窄小的人。她们常常闹意见，只因为我母亲的和气榜样，她们还不曾有公然相骂相打的事。她们闹气时，只是不说话，不答话，把脸放下来，叫人难看；二嫂生气时，脸色变青，更是怕人。她们对我母亲闹气时，也是如此。我起初全不懂得这一套，后来也渐渐懂得看人的脸色了。我渐渐明白，世间最可厌恶的事莫如一张生气的脸；世间最下流的事莫如把生气的脸摆给旁人看。这比打骂还难受。

我母亲的气量大，性子好，又因为做了后母后婆，她更事事留心，事事格外容忍。大哥的女儿比我只小一岁，她的饮食衣料总是和我的一样。我和她有小争执，总是我吃亏，母亲总是责备我，要我事事让她。后来大嫂、二嫂都生了儿子了，她们生气时便打骂孩子来出气，一面打，一面用尖刻有刺的话骂给别人听。我母亲只装做不听见。有时候，她实在忍不住了，便悄悄走出门去，或到左邻立大嫂家去坐一会，或走后门到后邻度嫂家去闲谈。她从不和两个嫂子吵一句嘴。

每个嫂子一生气，往往十天半个月不歇，天天走进走出，板着脸，咬着嘴，打骂小孩子出气。我母亲只忍耐着，忍到实在不可再忍的一天，她也有她的法子。这一天的天明时，她就不起床，轻轻的哭一场。她不骂一个人，只哭她的丈夫，哭她自己苦命，留不住她丈夫来照管她。她先哭时，声音很低，渐渐哭出声来。我醒了起来劝她，她不肯住。这时候，我总听见前堂（二嫂住前堂东房）或后堂（大嫂住后堂西房）有一扇房门开了，一个嫂子走出房向厨房走去。不多一会，那位嫂子来敲我们的房门了。我开了房门，她走进来，捧着一碗热茶，送到我母亲床前，劝她止哭，请她喝口热茶。我母亲慢慢停住哭声，伸手接了茶碗。那位嫂子站着劝一会，才退出去。没有一句话提到什么人，也没有一个字提到这十天半个月来的气脸，然而各人心里明白，泡茶进来的嫂子总是那十天半个月来闹气的人。奇怪得很，这一哭之后，至少有一两个月的太平清静日子。

我母亲待人最仁慈，最温和，从来没有一句伤人感情的话。但她有时候也很有刚气，不受一点人格上的侮辱。我家五叔是个无正业的浪人，有一天在烟馆里发牢骚，说我母亲家中有事总请某人帮忙，大概总有什么好处给他。这句话传到了我母亲耳朵里，她气的大哭，请了几位本家来，把五叔喊来，她当面质问他她给了某人什么好处。直到五叔当众认错赔罪，她才罢休。

我在我母亲的教训之下住了九年，受了她的极大极深的影响。我十四岁（其实只有十二岁零两三个月）就离开她了，在这广漠的人海里独自混了二十多年，没有一个人管束过我。如果我学得了一丝一毫的好脾气，如果我学得了一点点待人接物的和气，如果我能宽恕人，体谅人，——我都得感谢我的慈母。

十九，十一，二十一夜

此篇原载《新月》第3卷第3号

第二章　从拜神到无神

01

纷纷歌舞赛蛇虫，酒醴牲牢告洁丰。

果有神灵来护佑，天寒何故不临工？

这是我父亲在郑州办河工时（光绪十四年，1888 年）做的十首《郑工合龙纪事诗》的一首。他自己有注道："霜雪既降，凡俗所谓'大王''将军'代身临工者皆绝迹不复见矣。""大王""将军"都是祀典里的河神；河工区域内的水蛇虾蟆，往往被认为大王或将军的化身，往往享受最隆重的祀祭礼拜。河工是何等大事，而国家的治河官吏不能不向水蛇虾蟆磕头乞怜，真是一个民族的最大耻辱。我父亲这首诗不但公然指斥这种迷信，并且用了一个很浅近的证据，证明这种迷信的荒诞可笑。这一点最可表现我父亲的思想的倾向。

我父亲不曾受过近世自然科学的洗礼，但他很受了程颐、朱熹一系的理学的影响。理学家因袭了古代的自然主义的宇宙观，用"气"和"理"两个基本观念来解释宇宙，敢说"天即理也"，"鬼神者，二气（阴阳）之良能也"。这种思想，虽有不彻底的地方，很可以破除不少的迷信。况且程朱一系极力提倡"格物穷理"，教人"即物而穷其理"，这就是近世科学的态度。我父亲做的《原学》，开端便说：

天地氤氲，万物化生。

这是采纳了理学家的自然主义的宇宙观。他做的《学为人诗》的结论是：

为人之道，非有他术：
穷理致知，反躬践实，
黾勉于学，守道勿失。

这是接受了程朱一系格物穷理的治学态度。

这些话都是我四五岁时就念熟了的。先生怎样讲解，我记不得了；我当时大概完全不懂得这些话的意义。我父亲死的太早，我离开他时，还只是三岁小孩，所以我完全不曾受着他的思想的直接影响。他留给我的，大概有两方面：一方面是遗传，因为我是“我父亲的儿子”。一方面是他留下了一点程朱理学的遗风；我小时跟着四叔念朱子的《小学》，就是理学的遗风；四叔家和我家的大门上都贴着“僧道无缘”的条子，也就是理学家庭的一个招牌。

我记得我家新屋大门上的“僧道无缘”条子，从大红色褪到粉红，又渐渐变成了淡白色，后来竟完全剥落了。我家中的女眷都是深信神佛的。我父亲死后，四叔又上任做学官去了，家中的女眷就自由拜神佛了。女眷的宗教领袖是星五伯娘，她到了晚年，吃了长斋，拜佛念经，四叔和三哥（是她过继的孙子）都不能劝阻她，后来又添上了二哥的丈母，也是吃长斋念佛的，她常来我家中住。这两位老太婆做了好朋友，常劝诱家中的几房女眷信佛。家中人有病痛，往往请她们念经许愿还愿。

二哥的丈母颇认得字，带来了《玉历抄传》《妙庄王经》一类的善书，常给我们讲说目连救母游地府，妙庄王的公主（观音）出家修行等等故事。我把她带来的书都看了，又在戏台上看了《观音娘娘出家》全本连台戏，所以脑子里装满了地狱的惨酷景象。

后来三哥得了肺痨病，生了几个孩子都不曾养大。星五伯娘常为三哥拜神佛，许愿，甚至于招集和尚在家中放焰口超度冤魂。三哥自己不肯参加行礼，伯娘常叫我去代替三哥跪拜行礼。我自己幼年身体也很虚弱，多病痛，所以我母亲也常请伯娘带我去烧香拜佛。依家乡的风俗，我母亲也曾把我许在观音菩萨座下做弟子，还给我取了个佛名，上一字是个“观”字，下一字我忘了。我母亲爱我心切，时时教我拜佛拜神总须诚心敬礼。每年她同我上外婆家去，十里路上所过庙宇路亭，凡有神佛之处，她总教我拜揖。有一年我害肚痛，眼睛里又起翳，她代我许愿：病好之后亲自到古塘山观音菩萨座前烧香还愿。后来我病好了，她亲自跟伯娘带了我去朝拜古塘山。山路很难走，她的脚是终年疼的，但她为了儿子，步行朝山，上山时走几步便须坐下歇息，却总不说一声苦痛。我这时候自然也是很诚心的跟着她们礼拜。

我母亲盼望我读书成名，所以常常叮嘱我每天要拜孔夫子。禹臣先生学堂壁上挂着一幅硃印石刻的吴道子画的孔子像，我们每晚放学时总得对他拜一个揖。我到大姊家去拜年，看见了外甥章砚香（比我大几岁）供着一个孔夫子神龛，是用大纸匣子做的，用红纸剪的神位，用火柴盒子做的祭桌，桌子上贴着金纸剪的香炉烛台和供献，神龛外边贴着许多红纸金纸的圣庙匾额对联，写着“德配天地，道冠古今”一类的句子。我看了这神龛，心里好生羡慕，回到家里，也造了一座小圣庙。我在家中寻到了一只燕窝匣子，做了圣庙大庭；又把匣子中间挖空一方块，用一只小匣子糊上去，做了圣庙的内堂，堂上也设了祭桌、神位、香炉、烛台等。我在两厢又添设了颜渊、子路一班圣门弟子的神位，也都有小祭桌。我借得了一部《联语类编》，抄出了许多圣庙联匾句子，都用金银锡箔做成匾对，请近仁叔写了贴上。这一座孔庙很费了我不少的心思。我母亲见我这样敬礼孔夫子，她十分高兴，给我一张小桌子专供这神龛，并且给我一个铜香炉；每逢初一和十五，她总教我焚香敬礼。

这座小圣庙，因为我母亲的加意保存，到我二十七岁从外国回家时，还不曾毁坏。但我的宗教虔诚却早已摧毁破坏了。我在十一二岁时便已变成了一个无神论者。

02

有一天，我正在温习朱子的《小学》，念到了一段司马温公的家训，其中有论地狱的话，说：

> 形既朽灭，神亦飘散，虽有剉烧舂磨，亦无所施……

我重读了这几句话，忽然高兴得直跳起来。《目连救母》、《玉历钞传》等书里的地狱惨状，都呈现在我眼前，但我觉得都不怕了。放焰口的和尚陈设在祭坛上的十殿阎王的画像，和十八层地狱的种种牛头马面用钢叉把罪人叉上刀山，叉下油锅，抛下奈何桥下去喂饿狗毒蛇——这种种惨状也都呈现在我眼前，但我现在觉得都不怕了。我再三念这句话："形既朽灭，神亦飘散，虽有剉烧舂磨，亦无所施。"我心里很高兴，真像地藏王菩萨把锡杖一指，打开地狱门了。

这件事我记不清在哪一年了，大概在十一岁时。这时候，我已能够自己看古文书了。禹臣先生教我看《纲鉴易知录》，后来又教我改看《御批通鉴辑览》。《易知录》有句读，故我不觉吃力。《通鉴辑览》须我自己用朱笔点读，故读的很迟缓。有一次二哥从上海回来，见我看《御批通鉴辑览》，他不赞成；他对禹臣先生说，不如看《资治通鉴》。于是我就点读《资治通鉴》了。这是我研究中国史的第一步。我不久便很喜欢这一类历史书，并且感觉朝代帝王年号的难记，就想编一部《历代帝王年号歌诀》！近仁叔很鼓励我做此事，我真动手编这部七字句的历史歌诀了。此稿已遗失了，我已不记得这件野心工作编到了哪一朝代。但这也可算是我的整理国故的破土工作。可是谁也想不到司马光的《资治通鉴》竟会大大的影响我的宗教信仰，竟会使我变成一个无神论者。

有一天，我读到《资治通鉴》第一百三十六卷，中有一段记范缜（齐梁时代人，死时约在西历 510 年）反对佛教的故事，说：

> 缜著《神灭论》，以为"形者神之质，神者形之用也。神之于形，犹利之于刃。未闻刃没而利存，岂容形亡而神在哉？"此论出，朝野喧哗，难之，终不能屈。

我先已读司马光论地狱的话了，所以我读了这一段议论，觉得非常明白，非常有理。司马光的话教我不信地狱，范缜的话使我更进一步，就走上了无鬼神的路。范缜用了一个譬喻，说形和神的关系就像刀子和刀口的锋利一样；没有刀子，便没有刀子的"快"了；那么，没有形体，还能有神魂吗？这个譬喻是很浅显的，恰恰合一个初开知识的小孩子的程度，所以我越想越觉得范缜说的有道理。司马光引了这三十五个字的《神灭论》，居然把我脑子里的无数鬼神都赶跑了。从此以后，我不知不觉的成了一个无鬼无神的人。

我那时并不知道范缜的《神灭论》全文载在《梁书》（卷四八）里，也不知道当时许多人驳他的文章保存在《弘明集》里。我只读了这三十五个字，就换了一个人。大概司马光也受了范缜的影响，所以有“形既朽灭，神亦飘散”的议论；大概他感谢范缜，故他编《通鉴》时，硬把《神灭论》摘了最精彩的一段，插入他的不朽的历史里。他决想不到，八百年后这三十五个字竟感悟了一个十二岁的小孩子，竟影响了他一生的思想。

《通鉴》又记述范缜和竟陵王萧子良讨论“因果”的事，这一段在我的思想上也发生了很大的影响。原文如下：

> 子良笃好释氏，招致名僧，讲论佛法。道俗之盛，江左未有。或亲为众僧赋食行水，世颇以为失宰相体。
>
> 范缜盛称无佛。子良曰，“君不信因果，何得有富贵贫贱？”缜曰，“人生如树花同发，随风而散，或拂帘幌，坠茵席之上；或关篱墙，落粪溷之中。坠茵席者，殿下是也。落粪溷者，下官是也。贵贱虽复殊途，因果竟在何处？”子良无以难。

这一段议论也只是一个譬喻，但我当时读了只觉得他说的明白有理，就熟读了记在心里。我当时实在还不能了解范缜的议论的哲学意义。他主张一种“偶然论”，用来破坏佛教的果报轮回说。我小时听惯了佛家果报轮回的教训，最怕来世变猪变狗，忽然看见了范缜不信因果的譬喻，我心里非常高兴，胆子就大得多了。他和司马光的神灭论教我不怕地狱；他的无因果论教我不怕轮回。我喜欢他们的话，因为他们教我不怕。我信服他们的话，因为他们教我不怕。

03

我的思想经过了这回解放之后，就不能虔诚拜神拜佛了。但我在我母亲面前，还不敢公然说出不信鬼神的议论。她叫我上分祠里去拜祖宗，或去烧香还愿，我总不敢不去，满心里的不愿意，我终不敢让她知道。

我十三岁的正月里，到大姊家去拜年，住了几天，到十五日早晨，才和外甥砚香同回我家去看灯。他家的一个长工挑着新年糕饼等物事，跟着我们走。

半路上到了中屯外婆家，我们进去歇脚，吃了点心，又继续前进。中屯村口有个三门亭，供着几个神像。我们走进亭子，我指着神像对砚香说，"这里没有人看见，我们来把这几个烂泥菩萨拆下来抛到毛厕里去，好吗？"

这样突然主张毁坏神像，把我的外甥吓住了。他虽然听我说过无鬼无神的话，却不曾想到我会在这路亭里提议实行捣毁神像。他的长工忙劝阻我道："糜舅，菩萨是不好得罪的。"我听了这话，更不高兴，偏要拾石子去掷神像。恰好村子里有人下来了，砚香和那长工就把我劝走了。

我们到了我家中，我母亲煮面给我们吃，我刚吃了几筷子，听见门外锣鼓响，便放下面，跑出去看舞狮子了。这一天来看灯的客多，家中人都忙着照料客人，谁也不来管我吃了多少面。我陪着客人出去玩，也就忘了肚子饿了。

晚上陪客人吃饭，我也喝了一两杯烧酒。酒到了饿肚子里，有点作怪。晚饭后，我跑出大门外，被风一吹，我有点醉了，便喊道："月亮，月亮，下来看灯！"别人家的孩子也跟着喊，"月亮，月亮，下来看灯！"

门外的喊声被屋里人听见了，我母亲叫人来唤我回去。我怕她责怪，就跑出去了。来人追上去，我跑的更快。有人对我母亲说，我今晚上喝了烧酒，怕是醉了。我母亲自己出来唤我，这时候我已被人追回来了。但跑多了，我真有点醉了，就和他们抵抗，不肯回家。母亲抱住我，我仍喊着要月亮下来看灯。许多人围拢来看，我仗着人多，嘴里仍旧乱喊。母亲把我拖进房里，一群人拥进房来看。

这时候，那位跟我们来的章家长工走到我母亲身边，低低的说："外婆（他跟着我的外甥称呼），糜舅今夜怕不是吃醉了吧？今天我们从中屯出来，路过三门亭，糜舅要把那几个菩萨拖下来丢到茅厕里去。他今夜嘴里乱说话，怕是得罪了神道，神道怪下来了。"

这几句话，他低低地说，我靠在母亲怀里，全听见了。我心里正怕喝醉了酒，母亲要责罚我；现在我听了长工的话，忽然想出了一条妙计。我想："我胡闹，母亲要打我；菩萨胡闹，她不会责怪菩萨。"于是我就闹的更凶，说了许多疯话，好像真有鬼神附在我身上一样！

我母亲着急了，叫砚香来问，砚香也说我日里的确得罪了神道。母亲就叫别人来抱住我，她自己去洗手焚香，向空中祷告三门亭的神道，说我年小无知，触犯了神道，但求神道宽宏大量，不计较小孩的罪过，宽恕了我。我们将来一定亲到三门亭去烧香还愿。

这时候，邻舍都来看我，挤满了一屋子的人，有些妇女还提着“火篖”（徽州人冬天用瓦炉装炭火，外面用篾丝作篮子，可以随身携带，名为火篖），房间里闷热的很。我热的脸都红了，真有点像醉人。

忽然门外有人报信，说，“龙灯来了，龙灯来了！”男男女女都往外跑，都想赶到十字街口去等候看灯。一会儿，一屋子的人都散完了，只剩下我和母亲两个人。房里的闷热也消除了，我也疲倦了，就不知不觉的睡着了。

母亲许的愿好像是灵应了。第二天，她教训了我一场，说我不应该瞎说，更不应该在神道面前瞎说。但她不曾责罚我，我心里高兴，万想不到我的责罚却在一个月之后。

过了一个月，母亲同我上中屯外婆家去。她拿出钱来，在外婆家办了猪头供献，备了香烛纸钱，她请我母舅领我到三门亭里去谢神还愿。我母舅是个虔诚的人，他恭恭敬敬的摆好供献，点起香烛，陪着我跪拜谢神。我忍住笑，恭恭敬敬的行了礼——心里只怪我自己当日扯谎时，不曾想到这样比挨打还更难为情的责罚！

直到我二十七岁回家时，我才敢对母亲说那一年元宵节，附在我身上胡闹的不是三门亭的神道，只是我自己。母亲也笑了。

十九，十二，二十五，在北京

此篇原载《新月》第3卷第4号

第三章　在上海（上）

01

光绪甲辰年（1904 年）的春天，三哥的肺病已到了很危险的时期，他决定到上海去医治。我母亲也决定叫我跟他到上海去上学。那时我名为十四岁，其实只有十二岁有零。这一次我和母亲分别之后，十四年之中，我只回家三次，和她在一块的时候还不满六个月。她只有我一个人，只因为爱我太深，望我太切，所以她硬起心肠，送我向远地去求学。临别的时候，她装出很高兴的样子，不曾掉一滴眼泪。我就这样出门去了，向那不可知的人海里，去寻求我自己的教育和生活，——孤零零的一个小孩子，所有的防身之具只是一个慈母的爱，一点点用功的习惯，和一点点怀疑的倾向。

我在上海住了六年（1904—1910），换了四个学校（梅溪学堂、澄衷学堂、中国公学、中国新公学）。这是我一生的第二个段落。

我父亲生平最佩服一个朋友——上海张焕纶先生（字经甫）。张先生是提倡新教育最早的人，他自己办了一个梅溪书院，后来改为梅溪学堂。二哥三哥都在梅溪书院住过，所以我到了上海也就进了梅溪学堂。我只见过张焕纶先生一次，不久他就死了。现在谈中国教育史的人，很少能知道这一位新教育的老先锋了。他死了二十二年之后，我在巴黎见着赵诒琇先生（字颂南，无锡人），他是张先生的得意学生，他说他在梅溪书院很久，最佩服张先生的人格，受他的感化最深。他说，张先生教人的宗旨只是一句话："千万不要仅仅做个自了汉。"我坐在巴黎乡间的草地上，听着赵先生说话，想着赵先生夫妇的刻苦生活和奋斗精神，——这时候，我心里想：张先生的一句话影响了他的一个学生的一生，张先生的教育事业不算是失败。

梅溪学堂的课程是很不完备的，只有国文、算学、英文三项。分班的标准是国文程度。英文、算学的程度虽好，国文不到头班，仍不能毕业。国文到了头班，英文、算学还很幼稚，却可以毕业。这个办法虽然不算顶好，但这和当时教会学堂的偏重英文，都是过渡时代的特别情形。

我初到上海的时候，全不懂得上海话。进学堂拜见张先生时，我穿着蓝呢的夹袍，绛色呢大袖马褂，完全是个乡下人。许多小学生围拢来看我这乡下人。因为我不懂话，又不曾“开笔”做文章，所以暂时编在第五班，差不多是最低的一班。班上读的是文明书局的《蒙学读本》，英文班上用《华英初阶》，算学班上用《笔算算学》。

我是读了许多古书的，现在读《蒙学读本》，自然毫不费力，所以有工夫专读英文、算学。这样过了六个星期。到了第四十二天，我的机会来了。教《蒙学读本》的沈先生大概也瞧不起这样浅近的书，更料不到这班小孩子里面有人站起来驳正他的错误。这一天，他讲的一课书里有这样一段引语：

传曰：二人同心，其利断金。同心之言，其臭如兰。

沈先生随口说这是《左传》上的话。我那时已勉强能说几句上海话了，等他讲完之后，我拿着书，走到他的桌边，低声对他说：“这个‘传曰’是《易经》的《系辞传》，不是《左传》。”先生脸红了，说：“侬读过《易经》？”我说读过。他又问：“阿曾读过别样经书？”我说读过《诗经》《书经》《礼记》。他问我做过文章没有，我说没有做过。他说，“我出个题目，拨侬做做试试看。”他出了“孝弟说”三个字，我回到座位上，勉强写了一百多字，交给先生看。他看了对我说：“侬跟我来。”我卷了书包，跟他下楼走到前厅。前厅上东面是头班，西面是二班。沈先生到二班课堂上，对教员顾先生说了一些话，顾先生就叫我坐在末一排的桌子上。我才知道我一天之中升了四班，居然做第二班的学生了。

可是我正在欢喜的时候，抬头一看，就得发愁了。这一天是星期四，是作文的日子。黑板上写着两个题目：

论题：原日本之所由强。

经义题：古之为关也将以御暴，今之为关也将以为暴。

我从来不知道“经义”是怎样做的，所以想都不敢去想他。可是日本在天南地北，我还不很清楚，这个“原日本之所由强”又从哪里说起呢？既不敢去问先生，班上同学又没有一个熟人，我心里颇怪沈先生太鲁莽，不应该把我升得这么高，这么快。

忽然学堂的茶房走到厅上来，对先生说了几句话，呈上一张字条，先生看了字条，对我说，我家中有要紧事，派了人来领我回家，卷子可以带回去做，下星期四交卷。我正在着急，听了先生的话，抄了题目，逃出课堂，赶到门房，才知道三哥病危，二哥在汉口没有回来，店里（我家那时在上海南市开一个公义油栈）的管事慌了，所以派人来领我回去。

我赶到店里，三哥还能说话。但不到几个钟头，他就死了，死时他的头还靠在我手腕上。第三天，二哥从汉口赶到。丧事办了之后，我把升班的事告诉二哥，并且问他“原日本之所由强”一个题目应该参考一些什么书。二哥检了《明治维新三十年史》、壬寅《新民丛报汇编》……一类的书，装了一大篮，叫我带回学堂去翻看。费了几天的工夫，才勉强凑了一篇论说交进去。不久我也会做经义了。几个月之后，我居然算是头班学生了，但英文还不曾读完《华英初阶》，算学还只做到“利息”。

这一年梅溪学堂改为梅溪小学，年底要办毕业第一班。我们听说学堂里要送张在贞、王言、郑璋和我四个人到上海道衙门去考试。我和王、郑二人都不愿意去考试，都不等到考试日期，就离开学堂了。

为什么我们不愿受上海道的考试呢？这一年之中，我们都经过了思想上的一种激烈变动，都自命为“新人物”了。二哥给我的一大篮子的“新书”，其中很多是梁启超先生一派人的著述，这时代是梁先生的文章最有势力的时代，他虽不曾明白提倡种族革命，却在一班少年人的脑海里种下了不少革命种子。有一天，王言君借来了一本邹容的《革命军》，我们几个人传观，都很受感动。借来的书是要还人的，所以我们到了晚上，等舍监查夜过去之后，偷偷起来点着蜡烛，轮流抄了一本《革命军》。正在传抄《革命军》的少年，怎肯投到官厅去考试呢？

这一年是日俄战争的第一年，上海的报纸上每天登着很详细的战事新闻，爱看报的少年学生都感觉绝大的兴奋。这时候中国的舆论和民众心理都表同情于日本，都痛恨俄国，又都痛恨清政府的宣告中立。仇俄的心理增加了不少排满的心理。这一年，上海发生了几件刺激人心的案子。一件是革命党万福华在租界内枪击前广西巡抚王之春，因为王之春从前是个联俄派。一件是上海黄浦滩上一个宁波木匠周生有，被一个俄国水兵无故砍杀。这两件事都引起上海报纸的注意；尤其是那年新出现的《时报》，天天用简短沉痛的时评替周生有喊冤，攻击上海的官厅。我们少年人初读这种短评，没有一个不受刺激的。周生有案的判决使许多人失望。我和王言、郑璋三个人都恨极了上海道袁海观，所以联合写了一封长信去痛骂他。这封信是匿名的，但我们总觉得不愿意去受他的考试。所以我们三个人都离开梅溪学堂了。（王言是黟县人，后来不知下落了；郑璋是潮阳人，后改名仲诚，毕业于复旦，不久病死。）

02

我进的第二个学堂是澄衷学堂。这学堂是宁波富商叶成忠先生创办的，原来的目的是教育宁波的贫寒子弟；后来规模稍大，渐渐成了上海一个有名的私立学校，来学的人便不限止于宁波人了。这时候的监督是章一山先生，总教是白振民先生。白先生和我二哥是同学，他看见了我在梅溪作的文字，劝我进澄衷学堂。光绪乙巳年（1905 年），我就进了澄衷学堂。

澄衷共有十二班，课堂分东西两排，最高一班称为东一斋，第二班为西一斋，以下直到西六斋。这时候还没有严格规定的学制，也没有什么中学小学的分别。用现在的名称来分，可算前六班为中学，其余六班为小学。澄衷的学科比较完全多了，国文、英文、算学之外，还有物理、化学、博物、图画诸科。分班略依各科的平均程度，但英文、算学程度过低的都不能入高班。

我初进澄衷时，因英文、算学太低，被编在东三斋（第五班）。下半年便升入东二斋（第三班），第二年（丙午，1906 年）又升入西一斋（第二班）。澄衷管理很严，每月有月考，每半年有大考，月考大考都出榜公布，考前三名的有奖品。我的考试成绩常常在第一，故一年升了四班。我在这一年半之中，最有进步的是英文、算学。教英文的谢昌熙先生、陈诗豪先生、张镜人先生、教算学的郁耀卿先生，都给了我很多的益处。

我这时候对于算学最感兴趣，常常在宿舍熄灯之后，起来演习算学问题。卧房里没有桌子，我想出一个法子来，把蜡烛放在帐子外床架上，我伏在被窝里，仰起头来，把石板放在枕头上做算题。因为下半年就要跳过一班，所以我须要自己补习代数。我买了一部丁福保先生编的代数书，在一个夏天把初等代数习完了，下半年安然升班。

这样的用功，睡眠不够，就影响到身体的健康。有一个时期，我的两只耳朵几乎全聋了。但后来身体渐渐复原，耳朵也不聋了。我小时身体多病，出门之后，逐渐强健。重要的原因我想是因为我在梅溪和澄衷两年半之中从来不曾缺一点钟体操的功课。我从来没有加入竞赛的运动，但我上体操的课，总很用气力做种种体操。

澄衷的教员之中，我受杨千里先生（天骥）的影响最大。我在东三斋时，他是西二斋的国文教员，人都说他思想很新。我去看他，他很鼓励我，在我的作文稿本上题了“言论自由”四个字。后来我在东二斋和西一斋，他都做过国文教员。有一次，他教我们班上买吴汝纶删节的严复译本《天演论》来做读本，这是我第一次读《天演论》，高兴得很。他出的作文题目也很特别，有一次的题目是“物竞天择，适者生存，试申其义。”（我的一篇，前几年澄衷校长曹锡爵先生和现在的校长葛祖兰先生曾在旧课卷内寻出，至今还保存在校内）。这种题目自然不是我们十几岁小孩子能发挥的，但读《天演论》，做“物竞天择”的文章，都可以代表那个时代的风气。

《天演论》出版之后，不上几年，便风行到全国，竟做了中学生的读物了。读这书的人，很少能了解赫胥黎在科学史和思想史上的贡献。他们能了解的只是那“优胜劣败”的公式在国际政治上的意义。在中国屡次战败之后，在庚子辛丑大耻辱之后，这个“优胜劣败，适者生存”的公式确是一种当头棒喝，给了无数人一种绝大的刺激。几年之中，这种思想像野火一样，延烧着许多少年人的心和血。“天演”“物竞”“淘汰”“天择”等术语，都渐渐成了报纸文章的熟语，渐渐成了一班爱国志士的“口头禅”。还有许多人爱用这种名词做自己或儿女的名字。陈炯明不是号竞存吗？我有两个同学，一个叫孙竞存，一个叫做杨天择。我自己的名字也是这种风气底下的纪念品。我在学堂里的名字是胡洪骍。有一天的早晨，我请我二哥代我想一个表字，二哥一面洗脸，一面说："就用'物竞天择，适者生存'的'适'字，好不好？"我很高兴，就用"适之"二字（二哥字绍之，三哥字振之）。后来我发表文字，偶然用"胡适"作笔名，直到考试留美官费时（1910年）我才正式用"胡适"的名字。

我在澄衷一年半，看了一些课外的书籍。严复译的《群己权界论》，像是在这时代读的。严先生的文字太古雅，所以少年人受他的影响没有梁启超的影响大。梁先生的文章，明白晓畅之中，带着浓挚的热情，使读的人不能不跟着他走，不能不跟着他想。有时候，我们跟他走到一点上，还想往前走，他却打住了，或是换了方向走了。在这种时候，我们不免感觉一点失望。但这种失望也正是他的大恩惠。因为他尽了他的能力，把我们带到了一个境界，原指望我们感觉不满足，原指望我们更朝前走。跟着他走，我们固然得感谢他；引起了我们的好奇心，指着一个未知的世界叫我们自己去探寻，我们更得感谢他。

我个人受了梁先生无穷的恩惠。现在追想起来，有两点最分明。第一是他的《新民说》，第二是他的《中国学术思想变迁之大势》。梁先生自号"中国之新民"，又号"新民子"，他的杂志也叫做《新民丛报》，可见他的全副心思贯注在这一点。"新民"的意义是要改造中国的民族，要把这老大的病夫民族，改造成一个新鲜活泼的民族。他说：

> 未有四肢已断，五脏已瘵，筋脉已伤，血轮已涸，而身犹能存者；则亦未有其民愚陋怯弱涣散混浊而国犹能立者……苟有新民，何患无新制度，无新政府，无新国家！（《新民说·叙论》）

他的根本主张是：

> 吾思之，吾重思之，今日中国群治之现象殆无一不当从根柢处摧陷廓清，除旧而布新者也。（《新民议》）

说得更沉痛一点：

> 然则救危亡求进步之道将奈何？曰，必取数千年横暴混浊之政体，破碎而齑粉之，使数千万如虎如狼如蝗如蝻如蜮如蛆之官吏失其社鼠城狐之凭借，然后能涤荡肠胃以上于进步之途也！必取数千年腐败柔媚之学说，廓清而辞辟之，使数百万如蠹鱼如鹦鹉如水母如畜犬之学子毋得摇笔弄舌舞文嚼字，为民贼之后援，然后能一新耳目以行进步之实也！而其所以达此目的之方法有二：一曰无血之破坏，二曰有血之破坏……中国如能为无血之破坏乎？吾馨香而祝之。中国如不能不为有血之破坏乎？吾衰绖而哀之。（《新民说·论进步》）

我们在那个时代读这样的文字，没有一个人不受他的震荡感动的。他在那时代（我那时读的是他在壬寅癸卯做的文字）主张最激烈，态度最鲜明，感人的力量也最深刻。他很明白的提出一个革命的口号：

> 破坏亦破坏，不破坏亦破坏！（《新民说·论进步》）

后来他虽然不坚持这个态度了，而许多少年人却冲上前去，不肯缩回来了。

《新民说》的最大贡献在于指出中国民族缺乏西洋民族的许多美德。梁先生很不客气地说：

> 五色人相比较，白人最优。以白人相比较，条顿人最优。以条顿人相比较，盎格鲁撒逊人最优。（《叙论》）

他指出我们所最缺乏而最须采补的是公德，是国家思想，是进取冒险，是权利思想，是自由，是自治，是进步，是自尊，是合群，是生利的能力，是毅力，是义务思想，是尚武，是私德，是政治能力。他在这十几篇文字里，抱着满腔的血诚，怀着无限的信心，用他那枝“笔锋常带情感”的健笔，指挥那无数的历史例证，组织成那些能使人鼓舞，使人掉泪，使人感激奋发的文章。其中如《论毅力》等篇，我在二十五年后重读，还感觉到他的魔力。何况在我十几岁最容易受感动的时期呢？

《新民说》诸篇给我开辟了一个新世界，使我彻底相信中国之外还有很高等的民族，很高等的文化；《中国学术思想变迁之大势》也给我开辟了一个新世界，使我知道《四书》《五经》之外中国还有学术思想。梁先生分中国学术思想史为七个时代：

1. 胚胎时代——春秋以前
2. 全盛时代——春秋末及战国
3. 儒学统一时代——两汉
4. 老学时代——魏晋
5. 佛学时代——南北朝，唐
6. 儒佛混合时代——宋，元，明
7. 衰落时代——近二百五十年

我们现在看这个分段，也许不能满意（梁先生自己后来也不满意，他在《清代学术概论》里，已不认近二百五十年为衰落时代了）。但在二十五年前，这是第一次用历史眼光来整理中国旧学术思想，第一次给我们一个“学术史”的见解。所以我最爱读这篇文章。不幸梁先生做了几章之后，忽然停止了，使我大失所望。甲辰以后，我在《新民丛报》上见他续作此篇，我高兴极了。但我读了这篇长文，终感觉不少的失望。第一，他论“全盛时代”，说了几万字的绪论，却把“本论”（论诸家学说之根据及其长短得失）全搁下了，只注了一个“阙”字。他后来只补作了《子墨子学说》一篇，其余各家始终没有补。第二，“佛学时代”一章的本论一节也全没有做。第三，他把第六个时代（宋、元、明）整个搁起不提。这一部学术思想史中间缺了三个最要紧的部分，使我眼巴巴的望了几年。我在那失望的时期，自己忽发野心，心想：“我将来若能替梁任公先生补作这几章缺了的中国学术思想史，岂不是很光荣的事业？”我越想越高兴，虽然不敢告诉人，却真打定主意做这件事了。

这一点野心就是我后来做《中国哲学史》的种子。我从那时候起，就留心读周秦诸子的书。我二哥劝我读朱子的《近思录》，这是我读理学书的第一部。梁先生的《德育鉴》和《节本明儒学案》，也是这个时期出来的。这些书引我去读宋明理学书，但我读的并不多，只读了王守仁的《传习录》和《正谊堂丛书》内的程朱语录。

我在澄衷的第二年，发起各斋组织"自治会"。有一次，我在自治会演说，题目是"论性"。我驳孟子性善的主张，也不赞成荀子的性恶说，我承认王阳明的性"无善无恶，可善可恶"是对的。我那时正读英文的《格致读本》（The Science Readers），懂得了一点点最浅近的科学知识，就搬出来应用了！孟子曾说：

> 人性之善也，犹水之就下也。人无有不善，水无有不下。

我说：孟子不懂得科学——我们在那时候还叫做"格致"——不知道水有保持水平的道理，又不知道地心吸力的道理。"水无有不下"，并非水性向下，而是地心吸力引他向下。吸力可以引他向下，高地的蓄水塔也可以使自来水管里的水向上。水无上无下，只保持他的水平，却又可上可下，正像人性本无善无恶，却又可善可恶！

我这篇性论很受同学的欢迎，我也很得意，以为我真用科学证明了王阳明的性论了。

我在澄衷只住了一年半，但英文和算学的基础都是在这里打下的。澄衷的好处在于管理的严肃，考试的认真。还有一桩好处，就是学校办事人真能注意到每个学生的功课和品行。白振民先生自己虽不教书，却认得个个学生，时时叫学生去问话。因为考试的成绩都有很详细的记录，故每个学生的能力都容易知道。天资高的学生，可以越级升两班；中等的可以半年升一班；下等的不升班，不升班就等于降半年了。这种编制和管理，是很可以供现在办中学的人参考的。

我在西一斋做了班长，不免有时和学校办事人冲突。有一次，为了班上一个同学被开除的事，我向白先生抗议无效，又写了一封长信去抗议。白先生悬牌责备我，记我大过一次。我虽知道白先生很爱护我，但我当时心里颇感觉不平，不愿继续在澄衷了。恰好夏间中国公学招考，有朋友劝我去考；考取之后，我就在暑假后（1906 年）搬进中国公学去了。

二十，三，十八，北京

此篇原载《新月》第 3 卷第 7 号

第四章 在上海（下）

01

中国公学是因为光绪乙巳年（1905 年）日本文部省颁布取缔中国留学生规则，我国的留日学生认为侮辱中国，其中一部分愤慨回国的人在上海创办的。当风潮最烈的时候，湖南陈天华投海自杀，勉励国人努力救国，一时人心大震动，所以回国的很多。回国之后，大家主张在国内办一个公立的大学。乙巳十二月中，十三省的代表全体会决议，定名为“中国公学”。次年（丙午，1906 年）春天在上海新靶子路黄板桥北租屋开学。但这时候反对取缔规则的风潮已渐渐松懈了，许多官费生多回去复学了。上海那时还是一个眼界很小的商埠，看见中国公学里许多剪发洋装的少年人自己办学堂，都认为是奇怪的事。政府官吏疑心他们是革命党，社会叫他们做怪物。所以赞助捐钱的人很少，学堂开门不到一个半月，就陷入了绝境。公学的干事姚弘业先生（湖南益阳人）激于义愤，遂于三月十二日投江自杀，遗书几千字，说，“我之死，为中国公学死也。”遗书发表之后，舆论都对他表敬意，社会受了一大震动，赞助的人稍多，公学才稍稍站得住。

我也是当时读了姚烈士的遗书大受感动的一个小孩子。夏天我去投考，监考的是总教习马君武先生。国文题目是“言志”，我不记得说了一些什么，后来马君武先生告诉我，他看了我的卷子，拿去给谭心休、彭施涤先生传观，都说是为公学得了一个好学生。

我搬进公学之后，见许多同学都是剪了辫子，穿着和服，拖着木屐的；又有一些是内地刚出来的老先生，带着老花眼镜，捧着水烟袋的。他们的年纪都比我大的多；我是做惯班长的人，到这里才感觉到我是个小孩子。不久，我已感得公学的英文、数学都很浅，我在甲班里很不费气力。那时候，中国教育界的科学程度太浅，中国公学至多不过可比现在的两级中学程度，然而有好几门功课都不能不请日本教员来教。如高等代数、解析几何、博物学，最初都是日本人教授，由懂日语的同学翻译。甲班的同学有朱经农、李琴鹤等，都曾担任翻译。又有几位同学还兼任学校的职员或教员，如但懋辛便是我们的体操教员。当时的同学和我年纪不相上下的，只有周烈忠、李骏、孙粹存、孙竞存等几个人。教员和年长的同学都把我们看作小弟弟，特别爱护我们，鼓励我们。我和这一班年事稍长，阅历较深的师友们往来，受他们的影响最大。我从小本来就没有过小孩子的生活，现在天天和这班年长的人在一块，更觉得自己不是个小孩子了。

中国公学的教职员和同学之中，有不少的革命党人。所以在这里要看东京出版的《民报》，是最方便的。暑假年假中，许多同学把《民报》缝在枕头里带回内地去传阅。还有一些激烈的同学往往强迫有辫子的同学剪去辫子。但我在公学三年多，始终没有人强迫我剪辫，也没有人劝我加入同盟会。直到二十年后，但懋辛先生才告诉我，当时校里的同盟会员曾商量过，大家都认为我将来可以做学问，他们要爱护我，所以不劝我参加革命的事。但在当时，他们有些活动也并不瞒我。有一晚十点钟的时候，我快睡了，但君来找我，说，有个女学生从日本回国，替朋友带了一只手提小皮箱，江海关上要检查，她说没有钥匙，海关上不放行。但君因为我可以说几句英国话，要我到海关上去办交涉。我知道箱子里是危险的违禁品，就跟了他到海关码头，这时候已过十一点钟，谁都不在了。我们只好怏怏回去。第二天，那位女学生也走了，箱子她丢在关上不要了。

我们现在看见上海各学校都用国语讲授，决不能想象二十年前的上海还完全是上海话的世界，各学校全用上海话教书。学生全得学上海话。中国公学是第一个用“普通话”教授的学校。学校里的学生，四川、湖南、河南、广东的人最多，其余各省的人也差不多全有。大家都说“普通话”，教员也用“普通话”。江浙的教员，如宋耀如、王仙华、沈翔云诸先生，在讲堂上也都得勉强说官话。我初入学时，只会说徽州话和上海话；但在学校不久也就会说“普通话”了。我的同学中四川人最多；四川话清楚干净，我最爱学他，所以我说的普通话最近于四川话。二三年后，我到四川客栈（元记、厚记等）去看朋友，四川人只问，“贵府是川东？是川南？”他们都把我看成四川人了。

中国公学创办的时候，同学都是创办人。职员都是同学中举出来的，所以没有职员和学生的界限。当初创办的人都有革命思想，想在这学校里试行一种民主政治的制度。姚弘业烈士遗书中所谓“以大公无我之心，行共和之法”，即是此意。全校的组织分为“执行”与“评议”两部。执行部的职员（教务干事、庶务干事、斋务干事）都是评议部举出来的，有一定的任期，并且对于评议部要负责任。评议部是班长和室长组织成的，有监督和弹劾职员之权。评议部开会时，往往有激烈的辩论，有时直到点名熄灯时方才散会。评议员之中，最出名的是四川人龚从龙，口齿清楚，态度从容，是一个好议长。这种训练是很有益的。我年纪太小，第一年不够当评议员，有时在门外听听他们的辩论，不禁感觉我们在澄衷学堂的自治会真是儿戏。

02

我第一学期住的房间里，有好几位同学都是江西萍乡和湖南醴陵人，他们都是邻县人，说的话我听不大懂。但不到一个月，我们很相熟了。他们都是二三十岁的人了；有一位钱文恢（号古愚）已有胡子，人叫他钱胡子。他告诉我，他们现在组织了一个学会，叫做竞业学会，目的是“对于社会，竞与改良；对于个人，争自濯磨”，所以定了这个名字。他介绍我进这个会，我答应了。钱君是会长，他带我到会所里去，给我介绍了一些人。会所在校外北四川路厚福里。会中住的人大概多是革命党。有个杨卓林，还有个廖德璠，后来都是因谋革命被杀的。会中办事最热心的人，钱君之外，有谢寅杰和丁洪海两君，他两人维持会务最久。

竞业学会的第一件事业就是创办一个白话的旬报，就叫做《竞业旬报》。他们请了一位傅君健先生（号钝根）来做编辑。旬报的宗旨，傅君说，共有四项：一振兴教育，二提倡民气，三改良社会，四主张自治。其实这都是门面语，骨子里是要鼓吹革命。他们的意思是要“传布于小学校之青年国民”，所以决定用白话文。胡梓方先生（后来的诗人胡诗庐）作《发刊词》，其中有一段说：

> 今世号通人者，务为艰深之文，陈过高之义，以为士大夫劝，而独不为彼什伯千万倍里巷乡闾之子计，则是智益智，愚益愚，智日少，愚日多也。顾可为治乎哉？

又有一位会员署名“大武”，作文《论学官话的好处》，说：

> 诸位呀，要救中国，先要联合中国的人心。要联合中国的人心，先要统一中国的言语……但现今中国的语言也不知有多少种，如何叫他们合而为一呢？……除了通用官话，更别无法子了。但是官话的种类也很不少，有南方官话，有北方官话，有北京官话。现在中国全国通行官话，只须摹仿北京官话，自成一种普通国语哩。

这班人都到过日本，又多数是中国公学的学生，所以都感觉“普通国语”的需要。“国语”一个目标，屡见于《竞业旬报》的第一期，可算是提倡最早的了。

《竞业旬报》第一期是丙午年（1906年）九月十一日出版的。同住的钟君看见我常看小说，又能作古文，就劝我为《旬报》作白话文。第一期里有我的一篇通俗《地理学》，署名“期自胜生”。那时候我正读《老子》，爱上了“自胜自强”一句话，所以取了个别号叫“希强”，又自称“期自胜生”。这篇文字是我的第一篇白话文字，所以我抄其中说“地球是圆的”一段在这里做一个纪念：

> 譬如一个人立在海边，远远地望这来往的船只。那来的船呢，一定是先看见它的桅杆顶，以后方能看见他的风帆，它的船身一定在最后方可看见。那去的船呢，却恰恰与来的相反，它的船身一定先看不见，然后看不见它的风帆，直到后来方才看不见它的桅杆顶。这是什么缘故呢？因为那地是圆的，所以来的船在那地的低处慢慢行上来，我们看去自然先看见那桅杆顶了。那去的船也是这个

道理，不过同这个相反罢了。诸君们如再不相信，可捉一只苍蝇摆在一只苹果上，叫他从下面爬到上面来，可不是先看见他的头然后再看见他的脚么？

这段文字已充分表现出我的文章的长处和短处了。我的长处是明白清楚，短处是浅显。这时候我还不满十五岁。二十五年来，我抱定一个宗旨，做文字必须要叫人懂得，所以我从来不怕人笑我的文字浅显。

我做了一个月的白话文，胆子大起来了，忽然决心做一部长篇的章回小说。小说的题目叫做《真如岛》，用意是“破除迷信，开通民智”。我拟了四十回的题目，便开始写下去了。第一回就在《旬报》第三期上发表（丙午十月初一日），回目是：

虞善仁疑心致疾
孙绍武正论祛迷

这小说的开场一段是：

话说江西广信府贵溪县城外有一个热闹的市镇叫做神权镇，镇上有一条街叫做福儿街。这街尽头的地方有一所高大的房子。有一天下午的时候，这屋的楼上有二人在那里说话。一个是一位老人，年纪大约五十以外的光景，鬓发已略有些花白了，躺在一张床上，把头靠近床沿，身上盖了一条厚被，面上甚是消瘦，好像是重病的模样。一个是一位十八九岁的后生，生得仪容端正，气概轩昂，坐在床前一只椅子上，听那个老人说话。

我小时候最痛恨道教，所以这部小说的开场白就放在张天师的家乡。但我实在不知道贵溪县的地理风俗，所以不久我就把书中的主人翁孙绍武搬到我们徽州去了。

《竞业旬报》出到第十期，便停办了。我的小说续到第六回，也停止了。直到戊申年（1908 年）三月十一日，《旬报》复活，第十一期才出世。但傅君健已不来了，编辑无人负责，我也不大高兴投稿了。到了戊申七月，《旬报》第二十四期以下就归我编辑。从第二十四期到第三十八期，我做了不少的文字，有时候全期的文字，从论说到时闻，差不多都是我做的。《真如岛》也从第二十四期上续作下去，续到第十一回，《旬报》停刊了，我的小说也从此停止了。这时期我改用了“铁儿”的笔名。

这几十期的《竞业旬报》给了我一个绝好的自由发表思想的机会，使我可以把在家乡和在学校得着的一点点知识和见解，整理一番，用明白清楚的文字叙述出来。《旬报》的办事人从来没有干涉我的言论，所以我能充分发挥我的思想，尤其是我对宗教迷信的思想。例如《真如岛》小说第八回里，孙绍武这样讨论“因果”的问题：

> 这“因果”二字，很难说的。从前有人说，“譬如窗外这一树花儿，枝枝朵朵都是一样，何曾有什么好歹善恶的分别？不多一会，起了一阵狂风，把一树花吹一个‘花落花飞飞满天’，那许多花朵，有的吹上帘栊，落在锦茵之上；有的吹出墙外，落在粪溷之中。这落花的好歹不同，难道说是这几枝花的善恶报应不成？”这话很是，但是我的意思却还不止此。大约这因果二字是有的。有了一个因，必收一个果。譬如吃饭自然会饱，吃酒自然会醉。有了吃饭吃酒两件原因，自然会生出醉饱两个结果来。但是吃饭是饭的作用生出饱来，种瓜是瓜的作用生出新瓜来。其中并没有什么人为之主宰。如果有什么人为主宰，什么上帝哪，菩萨哪，既能罚恶人于既作孽之后，为什么不能禁之于未作孽之前呢？……“天”要是真有这么大的能力，何不把天下的人个个都成了善人呢？……“天”既生了恶人，让他在世间作恶，后来又叫他受许多报应，这可不是书上说的“出尔反尔”么？……总而言之，“天”既不能使人不作恶，便不能罚那恶人。

落花一段引的是范缜的话（看本书第二章），后半是我自己的议论。这是很不迟疑的无神论。这时候我另在《旬报》上发表了一些《无鬼丛话》，第一条就引用司马温公“形既朽灭，神亦飘散，虽有剉烧舂磨，亦无所施”的话，和范缜“神之于形，犹利之于刃”的话（参看第二章）。第二条引苏东坡的诗：“耕田欲雨刈欲晴，去得顺风来者怨。若使人人祷辄遂，造物应须日千变”。第三条痛骂《西游记》和《封神榜》，其中有这样的话：

> 夫士君子处颓敝之世，不能摩顶放踵敝口焦舌以挽滔滔之狂澜，曷若隐遁穷邃，与木石终其身！更安忍随波逐流，阿谀取容于当世，用自私利其身？（本条前面说《封神榜》的作者把书稿送给他的女儿作嫁资，其婿果然因此发财。所以此处有“自私利”的话。）天壤间果有鬼神者，则地狱之设正为此辈！此其人更安有著书资格耶！（《丛话》原是用文言作的。）

这是戊申（1908年）年八月发表的。谁也梦想不到说这话的小孩子在十五年后（1923年）居然很热心地替《西游记》作两万字的考证！如果他有好材料，也许他将来还替《封神榜》作考证哩！

在《无鬼丛话》的第三条里，我还接着说：

> 《王制》有之：“托于鬼神时日卜筮以乱众者，诛。”吾独怪夫数千年来之掌治权者，之以济世明道自期者，乃懵然不之注意，惑世诬民之学说得以大行，遂举我神州民族投诸极黑暗之世界！嗟夫，吾昔谓“数千年来仅得许多脓包皇帝，混帐圣贤”，吾岂好詈人哉？吾其好詈人哉？

这里很有“卫道”的臭味，但也可以表现我在不满十七岁时的思想路子。《丛话》第四条说：

> 吾尝持无鬼之说，论者或咎余，谓举一切地狱因果之说而摧陷之，使人敢于为恶，殊悖先王神道设教之旨。此言余不能受也。今日地狱因果之说盛行，而恶人益多，民德日落，神道设教之成效果何如者！且处兹思想竞争时代，不去此种种魔障，思想又乌从而生耶？

这种夸大的口气，出于一个十七岁孩子的笔下，未免叫人读了冷笑。但我现在回看我在那时代的见解，总算是自己独立想过几年的结果，比起现今一班在几个抽象名词里翻筋斗的少年人们，我还不感觉惭愧。

《竞业旬报》上的一些文字，我早已完全忘记了。前年中国国民党的中央宣传部曾登报征求全份的《竞业旬报》，——大概他们不知道这里面一大半的文字是胡适做的，——似乎也没有效果。我靠几个老朋友的帮忙，搜求了几年，至今还不曾凑成全份。今年回头看看这些文字，真有如同隔世之感。但我很诧异的是有一些思想后来成为我的重要的出发点的，在那十七八岁的时候已有了很明白的倾向了。例如我在《旬报》第三十六期上发表一篇《苟且》，痛论随便省事不肯彻底思想的毛病，说“苟且”二字是中国历史上的一场大瘟疫，把几千年的民族精神都瘟死了。我在《真如岛》小说第十一回（《旬报》三十七期）论扶乩的迷信，也说：

> 程正翁，你想罢。别说没有鬼神，即使有鬼神，那关帝吕祖何等尊严，岂肯听那一二张符诀的号召？这种道理总算浅极了，稍微想一想，便可懂得。只可怜我们中国人总不肯想，只晓得随波逐流，随声附和。国民愚到这步田地，照我的眼光看来，这都是不肯思想之故。所以宋朝大儒程伊川说“学原于思”，这区区四个字简直是千古至言。——郑先生说到这里，回过头来，对翼华、翼璜道：“程子这句话，你们都可写作座右铭。”

“学原于思”一句话是我在澄衷学堂读朱子《近思录》时注意到的。我后来的思想走上了赫胥黎和杜威的路上去，也正是因为我从十几岁时就那样十分看重思想的方法了。

又如那时代我在李莘伯办的《安徽白话报》上发表的一篇《论承继之不近人情》（转载在《旬报》二十九期），我不但反对承继儿子，并且根本疑问“为什么一定要儿子？”此文的末尾有一段说：

> 我如今要荐一个极孝顺永远孝顺的儿子给我们中国四万万同

胞。这个儿子是谁呢？便是“社会”……

你看那些英雄豪杰仁人义士的名誉，万古流传，永不湮没；全社会都崇拜他们，纪念他们；无论他们有子孙没有子孙，我们纪念着他们，总不少减；也只为他们有功于社会，所以社会永远感谢他们，纪念他们。阿唫唫，这些英雄豪杰仁人义士的孝子贤孙多极了，多极了！……一个人能做许多有益于大众有功于大众的事业，便可以把全社会都成了他的孝子贤孙。列位要记得：儿子，孙子，亲生的，承继的，都靠不住。只有我所荐的孝子顺孙是万无一失的。

这些意思，最初起于我小时看见我的三哥出继珍伯父家的痛苦情形，是从一个真问题上慢慢想出来的一些结论。这一点种子，在四五年后，我因读培根（Bacon）的论文有点感触，在日记里写成我的《无后主义》。在十年之后，又因为我母亲之死引起了一些感想，我才写成《不朽：我的宗教》一文，发挥“社会不朽”的思想。

这几十期的《竞业旬报》，不但给了我一个发表思想和整理思想的机会，还给了我一年多作白话文的训练。清朝末年出了不少的白话报，如《中国白话报》《杭州白话报》《安徽俗话报》《宁波白话报》《潮州白话报》，都没有长久的寿命。光绪宣统之间，范鸿仙等办《国民白话日报》，李莘伯办《安徽白话报》，都有我的文字，但这两个报都只有几个月的寿命。《竞业旬报》出到四十期，要算最长寿的白话报了。我从第一期投稿起，直到他停办时止，中间不过有短时期没有我的文字。和《竞业旬报》有编辑关系的人，如傅君剑，如张丹斧，如叶德争，都没有我的长久关系，也没有我的长期训练。我不知道我那几十篇文字在当时有什么影响，但我知道这一年多的训练给了我自己绝大的好处，白话文从此形成了我的一种工具。七八年之后，这件工具使我能够在中国文学革命的运动里做了一个开路的工人。

03

我进中国公学不到半年，就得了脚气病，不能不告假医病。我住在上海南方瑞兴泰茶叶店里养病，偶然翻读吴汝纶选的一种古文读本，其中第四册全是古诗歌。这是我第一次读古体诗歌，我忽然感觉很大的兴趣。病中每天读熟几首。不久就把这一册古诗读完了。我小时曾读一本律诗，毫不觉得有兴味，这回看了这些乐府歌辞和五七言诗歌，才知道诗歌原来是这样自由的，才知道做诗原来不必先学对仗。我背熟的第一首诗是《木兰辞》，第二首是《饮马长城窟行》，第三是《古诗十九首》。一路下去，直到陶潜、杜甫，我都喜欢读。读完了吴汝纶的选本，我又在二哥的藏书里寻得了《陶渊明集》和《白香山诗选》，后来又买了一部《杜诗镜诠》。这时期我专读古体歌行，不肯再读律诗；偶然也读一些五七言绝句。

有一天，我回学堂去，路过《竞业旬报》社，我进去看傅君剑，他说不久就要回湖南去了。我回到了宿舍，写了一首送别诗，自己带给君剑，问他像不像诗。这诗我记不得了，只记得开端是“我以何因缘，得交傅君剑”。君剑很夸奖我的送别诗，但我终有点不自信。过了一天，他送了一首《留别适之即和赠别之作》来，用日本卷笺写好，我打开一看，真吓了一跳。他诗中有“天下英雄君与我，文章知己友兼师”两句，在我这刚满十五岁的小孩子的眼里，这真是受宠若惊了！“难道他是说谎话哄小孩子吗？”我忍不住这样想。君剑这幅诗笺，我赶快藏了，不敢给人看。然而他这两句鼓励小孩子的话可害苦我了！从此以后，我就发愤读诗，想要做个诗人了。有时候，我在课堂上，先生在黑板上解高等代数的算式，我却在斯密司的《大代数学》底下翻《诗韵合璧》，练习簿上写的不是算式，是一首未完的纪游诗。一两年前我半夜里偷点着蜡烛，伏在枕头上演习代数问题，那种算学兴趣现在都被做诗的新兴趣赶跑了！我在脚气病的几个月之中发现了一个新世界，同时也决定了我一生的命运。我从此走上了文学史学的路，后来几次想矫正回来，想走到自然科学的路上去，但兴趣已深，习惯已成，终无法挽回了。

丁未正月（1907 年）我游苏州，三月与中国公学全体同学旅行到杭州，我都有诗纪游。我那时全不知道“诗韵”是什么，只依家乡的方音，念起来同韵便算同韵。在西湖上写了一首绝句，只押了两个韵脚，杨千里先生看了大笑，说，一个字在“尤”韵，一个字在“萧”韵。他替我改了两句，意思全不是我的了。我才知道做诗要硬记《诗韵》，并且不妨牺牲诗的意思来迁就诗的韵脚。

丁未五月，我因脚气病又发了，遂回家乡养病。（我们徽州人在上海得了脚气病，必须赶紧回家乡，行到钱塘江的上游，脚肿便渐渐退了）。我在家中住了两个多月，母亲很高兴。从此以后，我十年不归家（1907—1917），那是母亲和我都没有料到的。那一次在家，和近仁叔相聚甚久，他很鼓励我作诗。在家中和路上我都有诗。这时候我读了不少白居易的诗，所以我这时期的诗，如在家乡做的《弃父行》，很表现《长庆集》的影响。

丁未以后，我在学校里颇有少年诗人之名，常常和同学们唱和。有一次我做了一首五言律诗，押了一个“赪”字韵，同学和教员和作的诗有十几首之多。同学中如汤昭（保民）、朱经（经农）、任鸿隽（叔永）、沈翼孙（燕谋）等都能作诗；教员中如胡梓方先生、石一参先生等，也都爱提倡诗词。梓方先生即是后来出名的诗人胡诗庐，这时候他教我们的英文，英文教员能做中国诗词，这是当日中国公学的一种特色。还有一位英文教员姚康侯先生，是辜鸿铭先生的学生，也是很讲究中国文学的。辜先生译的《痴汉骑马歌》，其实是姚康侯先生和几位同门修改润色的。姚先生在课堂上常教我们翻译，从英文译汉文，或从汉文译英文。有时候，我们自己从读本里挑出爱读的英文诗，邀几个能诗的同学分头翻译成中国诗，拿去给姚先生和胡先生评改。姚先生常劝我们看辜鸿铭译的《论语》，他说这是翻译的模范。但五六年后，我得读辜先生译的《中庸》，感觉很大的失望。大概当时所谓翻译，都侧重自由的意译，务必要“典雅”，“而不妨变动原文的意义与文字。这种训练也有他的用处，可以使学生时时想到中西文字异同之处，时时想到某一句话应该怎样翻译，才可算“达”与“雅”。我记得我们试译一首英文诗，中有 Scarecrow 一个字，我们大家想了几天，想不出一个典雅的译法。但是这种功夫，现在回想起来，不算是浪费了的。

我初学做诗，不敢做律诗，因为我不曾学过对对子，觉得那是很难的事。戊申（1908 年）以后，我偶然试做一两首五言律诗来送朋友，觉得并不很难，后来我也常常做五七言律诗了。做惯律诗之后，我才明白这种体裁是似难而实易的把戏；不必有内容，不必有情绪，不必有意思，只要会变戏法，会搬运典故，会调音节，会对对子，就可以诌成一首律诗。这种体裁最宜于做没有内容的应酬诗，无论是殿廷上应酬皇帝，或寄宿舍里送别朋友，把头摇几摇，想出了中间两联，凑上一头一尾，就是一首诗了；如果是限韵或和韵的诗，只消从韵脚上去着想，那就更容易了。大概律诗的体裁和步韵的方法所以不能废除，正因为这都是最方便的戏法。我那时读杜甫的五言律诗最多，所以我做的五律颇受他的影响。七言律诗，我觉得没有一首能满意的，所以我做了几首之后就不做了。

现在我把我在那时做的诗抄几首在这里，也算一个时期的纪念：

秋日梦返故居（戊申八月）

秋高风怒号，客子中怀乱。抚枕一太息，悠悠归里闬。入门拜慈母，母方抚孙玩。齐儿见叔来，牙牙似相唤。拜母复入室，诸嫂同炊爨。问答乃未已，举头日已旰。方期长聚首，岂复疑梦幻？年来历世故，遭际多忧患。耿耿苦思家，听人讥斥鷃。（玩字原作弄，是误用方音，前年改玩字。）

军人梦（译 Thomas Campbell's A Soldier's Dream）（戊申）

笳声销歇幕云沉，耿耿天河灿列星。战士创痍横满地，倦者酣眠创者逝。枕戈藉草亦蘧然，时见刍人影摇曳。长夜沉沉夜未央，陶然入梦已三次。梦中忽自顾，身已离队伍，秋风拂襟袖，独行殊踽踽。惟见日东出，迎我归乡土。纵横阡陌间，尽是钓游迹，时闻老农刈稻歌，又闻牛羊嗥山脊。归来戚友咸燕集，誓言不复相离别。娇儿数数亲吾额，少妇情深自呜咽。举室争言君已倦，幸得归休免征战。惊回好梦日熹微，梦魂渺渺成虚愿。（刍人原作刍灵，今年改。）

酒醒（己酉）

酒能消万虑，已分醉如泥。烛泪流干后，更声断续时。醒来还苦忆，起坐一沉思。窗外东风峭，星光淡欲垂。

女优陆菊芬演《纺棉花》（己酉）

永夜亲机杼，悠悠念远人。朱弦纤指弄，一曲翠眉颦。满座天涯客，无端旅思新。未应儿女语，争奈不胜春！

秋柳　有序（己酉）

秋日适野，见万木皆有衰意。而柳以弱质，际兹高秋，独能迎风而舞，意态自如。岂老氏所谓能以弱者存耶？感而赋之。

但见萧飕万木摧，尚余垂柳拂人来。

西风莫笑长条弱，也向西风舞一回。

（西风莫笑，原作“凭君漫说”，民国五年改。长条原作“柔条”，十八年改。）

此篇原载《新月》第3卷第10号

第五章　我怎样到外国去

01

戊申（1908 年）九月间，中国公学闹出了一次大风潮，结果是大多数学生退学出来，另组织一个中国新公学。这一次风潮为的是一个宪法的问题。

中国公学在最初的时代，纯然是一个共和国家，评议部为最高立法机关，执行部的干事即由公选产生出来。不幸这种共和制度实行了九个月（丙午二月至十一月），就修改了。修改的原因，约有几种：一是因为发起的留日学生逐渐减少，而新招来的学生逐渐加多，已不是当初发起时学生与办事人完全不分界限的情形了；二是因为社会和政府对于这种共和制度都很疑忌；三是因为公学既无校舍，又无基金，有请求官款补助的必要，所以不能不避免外界对于公学内部的疑忌。

为了这种种原因，公学的办事人就在丙午（1906 年）年的冬天，请了郑孝胥、张謇、熊希龄等几十人作中国公学的董事，修改章程，于是学生主体的制度，就变成了董事会主体的制度。董事会根据新章程，公举郑孝胥为监督。一年后，郑孝胥辞职，董事会又举夏敬观为监督。这两位都是有名的诗人，他们都不常到学校，所以我们也不大觉得监督制的可畏。

可是在董事会与监督之下，公学的干事就不能由同学公选了。评议部是新章所没有的。选举的干事改为学校聘任的教务长，庶务长，斋务长了。这几位办事人，外面要四出募捐，里面要担负维持学校的责任，自然感觉他们的地位有稳定的必要。况且前面已说过，校章的修改也不是完全没有理由的。但我们少年人可不能那样想。中国公学的校章上明明载着“非经全体三分之二承认，不得修改”。这是我们的宪法上载着的唯一的修正方法。三位干事私自修改校章，是非法的。评议部的取消也是非法的。这里面也还有个人的问题。当家日子久了，总难免“猫狗皆嫌”，何况同学之中有许多本是干事诸君的旧日同辈的朋友呢！在学校上课的同学自然在学业上日日有长进，而干事诸君办事久了，学问上没有进境，却当着教务长一类的学术任务，自然有时难免受旧同学的轻视。法的问题和这种人的问题混合在一块，风潮就不容易避免了。

代议制的评议部取消之后，全体同学就组织了一个“校友会”，其实就等于今日各校的学生会。校友会曾和三干事争了几个月，干事答应了校章可由全体学生修改。又费了几个月的时间，校友会把许多修正案整理成一个草案，又开了几次会，才议定了一本校章。一年多的争执，经过了多少度的磋商，新监督夏先生与干事诸君均不肯承认这新改的校章。

到了戊申（1908年）九月初三日，校友会开大会报告校章交涉的经过，会尚未散，监督忽出布告，完全否认学生有订改校章之权，这竟是完全取消干事承认全体修改校章的布告了。接着又出了两道布告，一道说“集会演说，学堂悬为严禁……校友会以后不准再行开会”。一道说学生代表朱经、朱绂华“倡首煽众，私发传单，侮辱职员，要挟发布所自改印章程，屡诫不悛，纯用意气，实属有意破坏公学。照章应即斥退，限一日内搬移出校”。

初四日，全体学生签名停课，在操场上开大会。下午干事会又出布告，开除学生罗君毅、周烈忠、文之孝等七人，并且说：“如仍附从停课，即当将停课学生全行解散，另行组织。”初五日，教员出来调停，想请董事会出来挽救。但董事会不肯开会。初七日学生大会遂决议筹备万一学校解散后的办法。

初八日董事陈三立先生出来调停，但全校人心已到了很激昂的程度，不容易挽回了。初九日，校中布告：“今定于星期日暂停膳食，所有被胁诸生可先行退出校外，暂住数日。准于今日午后一时起，在环球中国学生会发给旅膳费。俟本公学将此案办结后，再行布告来校上课。”

这样的压迫手段激起了校中绝大多数同学的公愤。他们决定退学，遂推举干事筹备另创新校的事。退学的那一天，秋雨淋漓，大家冒雨搬到爱而近路庆祥里新租的校舍里。厨房虽然寻来了一家，饭厅上桌凳都不够，碗碟也不够。大家都知道这是我们自己创立的学校，所以不但不叫苦，还要各自掏腰包，捐出钱来作学校的开办费。有些学生把绸衣、金表，都拿去当了钱来捐给学堂做开办费。

十天之内，新学校筹备完成了，居然聘教员，排功课，正式开课了。校名定为“中国新公学”，学生有一百六七十人。在这风潮之中，最初的一年因为我是新学生，又因为我告了长时期的病假，所以没有参与同学和干事的争执；到了风潮正激烈的时期，我被举为大会书记，许多记录和宣言都是我做的；虽然不在被开除之列，也在退学之中。朱经、李琴鹤、罗君毅被举做干事。有许多旧教员都肯来担任教课。学校虽然得着社会上一部分人的同情，捐款究竟很少，经费很感觉困难。李琴鹤君担任教务干事，有一天他邀我到他房里谈话，他要我担任低年级各班的英文，每星期教课三十点钟，月薪八十元；但他声明，自家同学作教员，薪俸是不能全领的，总得欠着一部分。

我这时候还不满十七岁，虽然换了三个学堂，始终没有得着一张毕业证书。我若继续上课，明年可以毕业了。但我那时确有不能继续求学的情形。我家本没有钱。父亲死后，只剩下几千两的存款，存在同乡店家生息，一家人全靠这一点出息过日子。后来存款的店家倒帐了，分摊起来，我家分得一点小店业。我的二哥是个有干才的人，他往来汉口上海两处，把这点小店业变来变去，又靠他的同学朋友把他们的积蓄寄存在他的店里，所以他能在几年之中合伙撑起一个规模较大的瑞兴泰茶叶店。但近几年之中，他的性情变了，一个拘谨的人变成了放浪的人；他的费用变大了，精力又不能贯注到店事，店中所托的人又不很可靠，所以店业一年不如一年。后来我家的亏空太大了，上海的店业不能不让给债权人。当戊申的下半年，我家只剩汉口一所无利可图的酒栈（两仪栈）了。这几个月以来，我没有钱住宿舍，就寄居在《竞业旬报》社里（也在庆祥里）。从七月起，我担任《旬报》的编辑，每出一期报，社中送我十块钱的编辑费。住宿和饭食都归社中担负。我家中还有母亲，眼前就得要我寄钱赡养了。母亲也知道家中破产就在眼前，所以寄信来要我今年回家去把婚事办了。我斩钉截铁地阻止了这件事，名义上是说求学要紧，其实是我知道家中没有余钱给我办婚事，我也没有钱养家。

正在这个时候，李琴鹤君来劝我在新公学作教员。我想了一会，就答应了。从此以后，我每天教六点钟的英文，还要改作文卷子。十七八岁的少年人，精力正强，所以还能够勉强支持下去，直教到第二年（1909 年）冬天中国新公学解散时为止。

以学问论，我那时怎配教英文？但我是个肯负责任的人，肯下苦功去预备功课，所以这一年之中还不曾有受窘的时候。我教的两班后来居然出了几个有名的人物：毓泰（树人）、杨铨（杏佛）、严庄（敬齐），都做过我的英文学生。后来我还在校外收了几个英文学生，其中有一个就是张奚若。可惜他们后来都不是专习英国文学；不然，我可真"抖"了！

《竞业旬报》停刊之后，我搬进新公学去住。这一年的教书生活虽然很苦，于我自己却有很大的益处。我在中国公学两年，受姚康侯和王云五两先生的影响很大，他们都最注重文法上的分析，所以我那时虽不大能说英国话，却喜欢分析文法的结构，尤其喜欢拿中国文法来做比较。现在做了英文教师，我更不能不把字字句句的文字弄得清楚。所以这一年之中，我虽没有多读英国文学书，却在文法方面得着很好的练习。

中国新公学在最困苦的情形之下支持了一年多，这段历史是很悲壮的。那时候的学堂多不讲究图书仪器的设备，只求做到教员好，功课紧，管理严，就算好学堂了。新公学的同学因为要争一口气，所以成绩很好，管理也不算坏。但经费实在太穷，教员只能拿一部分的薪俸，干事处常常受收房捐和收巡捕捐的人的恶气；往往因为学校不能付房捐与巡捕捐，同学们大家凑出钱来，借给干事处。有一次干事朱经农君（即朱经）感觉学校经费困难已到了绝地，他忧愁过度，神经错乱，出门乱走，走到了徐家汇的一条小河边，跳下河去，幸遇人救起，不曾丧命。

这时候，中国公学的吴淞新校舍已开始建筑了，但学生很少。内地来的学生，到了上海，知道了两个中国公学的争持，大都表同情于新公学，所以新公学的学生总比老公学多。例如张奚若（原名耘）等一些陕西学生，到了上海，赶不上招考时期，他们宁可在新公学附近租屋补习，却不肯去老公学报名。所以"中国新公学"的招牌一天不去，"中国公学"是一天不得安稳发展的。老公学的职员万不料我们能支持这么久。他们也知道我们派出去各省募捐的代表，如朱绂华、朱经农、薛传斌等，都有有力的介绍，也许有大规模的官款补助的可能。新公学募捐若成功，这个对峙的局面更不容易打消了。

老公学的三干事之中，张邦杰（俊生）先生当风潮起时在外省募捐未归；他回校后极力主张调停，收回退学的学生。不幸张先生因建筑吴淞校舍，积劳成疾，不及见两校的合并就死了。新公学董事长李平书先生因新校经济不易维持，也赞成调停合并。调停的条件大致是：凡新公学的学生愿意回去的，都可回去；新公学的功课成绩全部承认；新公学所有亏欠的债务，一律由老公学担负清偿。新公学一年之中亏欠已在一万元以上，捐款究竟只是种不能救急的希望；职员都是少年人，牺牲了自己的学业来办学堂，究竟不能持久。所以到了己酉（1909 年）十月，新公学接受了调停的条件，决议解散：愿回旧校者，自由回去。我有题新校合影的五律二首，七律一首，可以纪念我们在那时候的感情，所以我抄在这里：

十月题新校合影，时公学将解散

无奈秋风起，艰难又一年。
颠危俱有责，成败岂由天？
黯黯愁兹别，悠悠祝汝贤。
不堪回首处，沧海已桑田。
此地一为别，依依无限情。
凄凉看日落，萧瑟听风鸣。
应有天涯感，无忘城下盟！
相携入图画，万虑苦相萦。

十月再题新校教员合影

也知胡越同舟谊，无奈惊涛动地来。
江上飞鸟犹绕树，尊前残烛已成灰。
昙花幻相空余恨，鸿爪遗痕亦可哀。
莫笑劳劳作刍狗，且论臭味到岑苔。

这都算不得诗，但“应有天涯感，无忘城下盟”两句确是当时的心理。合并之后，有许多同学都不肯回老公学去，也是为此。这一年的经验，为一个理想而奋斗，为一个团体而牺牲，为共同生命而合作，这些都在我们一百六十多人的精神上留下磨不去的影子。二十年来，无人写这一段历史，所以我写这几千字，给我的一班老同学留一点“鸿爪遗痕”。

少年人的理想主义受打击之后，反动往往是很激烈的。在戊申己酉（1908—1909）两年之中，我的家事败坏到不可收拾的地步。己酉年，大哥和二哥回家，主张分析家产；我写信回家，说我现在已能自立了，不要家中的产业。其实家中本没有什么产业可分，分开时，兄弟们每人不过得着几亩田，半所屋而已。那一年之中，我母亲最心爱的一个妹子和一个弟弟先后死了，她自己也病倒了。我在新公学解散之后，得了两三百元的欠薪，前途茫茫，毫无把握，哪敢回家去？只好寄居在上海，想寻一件可以吃饭养家的事。在那个忧愁烦闷的时候，又遇着一班浪漫的朋友，我就跟着他们堕落了。

[注]这一段是去年（1931年）夏间写的，写成之后，我恐怕我的记载有不正确或不公平的地方，所以把原稿送给王敬芳先生（抟沙），请他批评修改。他是我们攻击的干事之一，是当日风潮的一个主要目标。但事隔二十多年，我们都可以用比较客观的眼光来回看当年的旧事了。他看了之后，写了一封几千字的长信给我，承认我的话“说得非常心平气和，且设身处地地委曲体谅，令我极端佩服”，又指出一些与当日事实不符的地方。他指出的错误，我都改正了。所以这一段小史，虽是二十多年后追记的，应该没有多大的错误。我感谢王先生的修正，并且盼望我的老同学朱经农、罗君毅诸先生也给我同样的修正。

王先生在他的长信里说了几句很感慨的话，我认为很值得附录在此。他说：“我是当初反对取缔规则最力的人，但是今日要问我取缔规则到底对于中国学生有多大害处，我实在答应不出来。你是当时反对公学最力的人，看你这篇文章，今昔观察也就不同得多了。我想青年人往往因感情的冲动，理智便压抑了。中国学校的风潮，大多数是由于这种原因。学校中少一分风潮，便多一分成就。盼望你注意矫正这种流弊。”

我是赞成这话的，但是我要补充一句：学校的风潮不完全由于青年人的理智被感情压抑了，其中往往是因为中年人和青年人同样失去了运用理智的能力。专责备青年人是不公允的。中国公学最近几次的风潮都是好例子。

二十一，九，二十七

02

中国新公学有一个德国教员，名叫何德梅（Ottomeir），他的父亲是德国人，母亲是中国人，他能说广东话、上海话、官话。什么中国人的玩意儿，他全会。我从新公学出来，就搬在他隔壁的一所房子里住，这两所房子是通的，他住东屋，我和几个四川朋友住西屋。和我同住的人，有林君墨（恕）、但怒刚（懋辛）诸位先生；离我们不远，住着唐桂梁（蟒）先生，是唐才常的儿子。这些人都是日本留学生，都有革命党的关系；在那个时候各地的革命都失败了，党人死的不少，这些人都很不高兴，都很牢骚。何德梅常邀这班人打麻将，我不久也学会了。我们打牌不赌钱，谁赢谁请吃雅叙园。我们这一班人都能喝酒，每人面前摆一大壶，自斟自饮。从打牌到喝酒，从喝酒又到叫局，从叫局到吃花酒，不到两个月，我都学会了。

幸而我们都没有钱，所以都只能玩一点穷开心的玩意儿：赌博到吃馆子为止，逛窑子到吃“镶边”的花酒或打一场合股份的牌为止。有时候，我们也同去看戏。林君墨和唐桂梁请了一位小喜禄来教我们唱戏，同学之中有欧阳予倩，后来成了中国戏剧界的名人。我最不行，一句也学不会，不上两天我就不学了。此外，我还有一班小朋友，同乡有许怡荪、程乐亭、章希吕诸人，旧同学有郑仲诚、张蜀川、郑铁如诸人。怡荪见我随着一班朋友发牢骚，学堕落，他常常规劝我。但他在吴淞复旦公学上课，是不常来的，而这一班玩的朋友是天天见面的，所以我那几个月之中真是在昏天黑地里胡混，有时候，整夜的打牌；有时候，连日的大醉。

有一个晚上，闹出乱子来了。那一晚我们在一家“堂子”里吃酒，喝得不少了，出来又到一家去“打茶围”。那晚上雨下得很大，下了几点钟还不止。君墨桂梁留我打牌，我因为明天要教书（那时我在华童公学教小学生的国文），所以独自雇人力车走了。他们看我能谈话，能在一叠“局票”上写诗词，都以为我没有喝醉，也就让我一个人走了。

其实我那时已大醉了，谈话写字都只是我的“下意识”的作用，我全不记忆。出门上车以后，我就睡着了。

直到第二天天明时，我才醒来，眼睛还没有睁开，就觉得自己不是睡在床上，是睡在硬的地板上！我疑心昨夜喝醉了，睡在家中的楼板上，就喊了一声

“老彭”！——老彭是我雇的一个湖南仆人，喊了两声，没有人答应，我已坐起来了，眼也睁开了。

奇怪得很！我睡在一间黑暗的小房里，只有前面有亮光，望出去好像没有门。我仔细一看，口外不远还好像有一排铁栅栏。我定神一听，听见栏杆外有皮鞋走路的声响。一会儿，狄托狄托的走过来了，原来是一个中国巡捕走过去。

我有点明白了，这大概是巡捕房，只不知道我怎样到了这儿来的。我想起来问一声，这时候才觉得我一只脚上没有鞋，又觉得我身上的衣服都是湿透了的。我摸来摸去，摸不着那一只皮鞋；只好光着一只袜子站起来，扶着墙壁走出去，隔着栅栏招呼那巡捕，问他这是什么地方。

他说：“这是巡捕房。”

“我怎么会进来的？”

他说：“你昨夜喝醉了酒，打伤了巡捕，半夜后进来的。”

“什么时候我可以出去？”

“天刚亮一会，早呢！八点钟有人来，你就知道了。”

我在亮光之下，才看见我的旧皮袍不但是全湿透了，衣服上还有许多污泥。我觉得脸上有点疼，用手一摸，才知道脸上也有污泥，并且有破皮的疤痕。难道我真同人打了架吗？

这是一个春天的早晨，一会儿就是八点钟了。果然有人来叫我出去。

在一张写字桌边，一个巡捕头坐着，一个浑身泥污的巡捕立着回话，那巡捕头问：

“就是这个人？”

“就是他。”

“你说下去。”

那浑身泥污的巡捕说：

“昨夜快十二点钟时候，我在海宁路上班，雨下得正大，忽然（他指着我）他走来了，手里拿着一只皮鞋敲着墙头，狄托狄托的响。我拿巡捕灯一照，他开口就骂。”

“骂什么？”

“他骂‘外国奴才’！我看他喝醉了，怕他闯祸，要带他到巡捕房里来。他就用皮鞋打我，我手里有灯，抓不住他，被他打了好几下。后来我抱住他，抢了他的鞋子，他就和我打起来了。两个人抱住不放，滚在地上。下了一夜大雨，马路上都是水，两个人在泥水里打滚。我的灯也打碎了，身上脸上都被他打了。他脸上的伤是在石头上擦破了皮。我吹了叫子，唤住了一部空马车，两个马夫帮我捉住他，关在马车里，才能把他送进来。我的衣服是烘干了，但是衣服上的泥都不敢弄掉，这都是在马路当中滚的。”

我看他脸上果然有伤痕，但也像是擦破了皮，不像是皮鞋打的。他解开上身，也看不出什么伤痕。

巡捕头问我，我告诉了我的真姓名和职业，他听说我是在华童公学教书，自然不愿得罪我。他说，还得上堂问一问，大概要罚几块钱。

他把桌子上放着的一只皮鞋和一条腰带还给我。我穿上了鞋子，才想起我本来穿有一件缎子马褂。我问他要马褂，他问那泥污的巡捕，他回说：“昨夜他就没有马褂。”

我心里明白了。

我住在海宁路的南林里，那一带在大雨的半夜里是很冷静的。我上了车就睡着了。车夫到了南林里附近，一定是问我到南林里第几弄。我大概睡得很熟，不能回答了。车夫叫我不醒，也许推我不醒，他就起了坏心思，把我身上的钱摸去了，又把我的马褂剥去了。帽子也许是他拿去了的，也许是丢了的。他大概还要剥我的皮袍，不想这时候我的“下意识”醒过来了，就和他抵抗。那一带是没有巡捕的，车夫大概是拉了车子跑了，我大概追他不上，自己也走了。皮鞋是跳舞鞋式的，没有鞋带，所以容易掉下来；也许是我跳下车来的时候就掉下来了，也许我拾起了一只鞋子来追赶那车夫。车夫走远了，我赤着一只脚在雨地里自然追不上。我慢慢地依着“下意识”走回去。醉人往往爱装面子，所以我丢了东西反唱起歌来了，——也许唱歌是那个巡捕的胡说，因为我的意识生活是不会唱歌的。

这是我自己用想象来补充的一段，是没有法子证实的了。但我想到在车上熟睡的一段，不禁有点不寒而栗，身上的水湿和脸上的微伤哪能比那时刻的生命危险呢？

巡捕头许我写一封短信叫人送到我的家中。那时候郑铁如（现在的香港中国银行行长）住在我家中，我信上托他带点钱来准备罚款。

上午开堂问事的时候，几分钟就完了，我被罚了五元，做那个巡捕的养伤费和赔灯费。

我到了家中，解开皮袍，里面的棉袄也湿透了，一解开来，里面热气蒸腾：湿衣裹在身上睡了一夜，全蒸热了！我照镜子，见脸上的伤都只是皮肤上的微伤，不要紧的。可是一夜的湿气倒是可怕。

同住的有一位四川医生，姓徐，医道颇好。我请他用猛药给我解除湿气。他下了很重的泻药，泄了几天；可是后来我手指上和手腕上还发出了四处的肿毒。

那天我在镜子里看见我脸上的伤痕，和浑身的泥湿，我忍不住叹一口气，想起“天生我材必有用”的诗句，心里百分懊悔，觉得对不住我的慈母——我那在家乡时时刻刻悬念着我，期望着我的慈母！我没有掉一滴眼泪，但是我已经过了一次精神上的大转机。

我当日在床上就写信去辞了华童公学的职务，因为我觉得我的行为玷辱了那个学校的名誉。况且我已决心不做那教书的事了。

那一年（庚戌，1910年）是考试留美赔款官费的第二年。听说，考试取了备取的还有留在清华学校的希望。我决定关起门来预备去应考试。

许怡荪来看我，也力劝我摆脱一切去考留美官费。我所虑的有几点：一是要筹养母之费，二是要还一点小债务，三是要筹两个月的费用和北上的旅费。怡荪答应替我去设法。后来除他自己之外，帮助我的有程乐亭的父亲松堂先生，和我的族叔祖节甫先生。

我闭户读了两个月的书，就和二哥绍之一同北上。到了北京，蒙二哥的好朋友杨景苏先生（志洵）的厚待，介绍我住在新在建筑中的女子师范学校（后来的女师大）校舍里，所以费用极省。在北京一个月，我不曾看过一次戏。

杨先生指点我读旧书，要我从《十三经注疏》用功起。我读汉儒的经学，是从这个时候起的。留美考试分两场，第一场考国文英文，及格者才许考第二场的各种科学。国文试题为“不以规矩不能成方圆说”，我想这个题目不容易发挥，又因我平日喜欢看杂书，就做了一篇乱谈考据的短文，开卷就说：

> 矩之作也，不可考矣。规之作也，其在周之末世乎？

下文我说《周髀算经》作圆之法足证其时尚不知道用规作圆；又孔子说

“不逾矩”，而不并举规矩，至墨子、孟子始以规矩并用，足证规之晚出。这完全是一时异想天开的考据，不料那时看卷子的先生也有考据癖，大赏识这篇短文，批了一百分。英文考了六十分，头场平均八十分，取了第十名。第二场考的各种科学，如西洋史，如动物学，如物理学，都是我临时抱佛脚预备起来的，所以考得很不得意。幸亏头场的分数占了大便宜，所以第二场我还考了个第五十五名。取送出洋的共七十名，我很挨近榜尾了。

南下的旅费是杨景苏先生借的。到了上海，节甫叔祖许我每年遇必要时可以垫钱寄给我的母亲供家用。怡荪也答应帮助。没有这些好人的帮忙，我是不能北去，也不能放心出国的。

我在学校里用胡洪骍的名字；这回北上应考，我怕考不取为朋友学生所笑，所以临时改用胡适的名字。从此以后，我就叫胡适了。

二十一，九，二十七夜

此篇原载 1932 年 11 月 10 日《新月》第 4 卷第 4 号

第六章　逼上梁山——文学革命的开始

01

提起我们当时讨论“文学革命”的起因，我不能不想到那时清华学生监督处的一个怪人。这个人叫做钟文鳌，他是一个基督教徒，受了传教士和青年会的很大的影响。他在华盛顿的清华学生监督处做书记，他的职务是每月寄发各地学生应得的月费。他想利用他发支票的机会来做一点社会改革的宣传。他印了一些宣传品，和每月的支票夹在一个信封里寄给我们。他的小传单有种种花样，大致是这样的口气：

> 不满二十五岁不娶妻。
>
> 废除汉字，取用字母。
>
> 多种树，种树有益。

支票是我们每月渴望的，可是钟文鳌先生的小传单未必都受我们的欢迎。我们拆开信，把支票抽出来，就把这个好人的传单抛在字纸篓里去。

可是，钟先生的热心真可厌！他不管你看不看，每月总照样夹带一两张小传单给你。我们平时厌恶这种青年会宣传方法的，总觉得他这样滥用职权是不应该的。有一天，我又接到了他的一张传单，说中国应该改用字母拼音；说欲求教育普及，非有字母不可。我一时动了气，就写了一封短信去骂他，信上的大意是说：“你们这种不通汉文的人，不配谈改良中国文字的问题。你要谈论这个问题，必须先费几年功夫，把汉文弄通了，那时你才有资格谈汉字是不是应该废除。”

这封信寄出去之后，我就有点懊悔了。等了几天，钟文鳌先生没有回信来，我更觉得我不应该这样“盛气凌人”。我想，这个问题不是一骂就可完事的。我既然说钟先生不够资格讨论此事，我们够资格的人就应该用点心思才力去研究这个问题。不然，我们就应该受钟先生的训斥了。

那一年恰好东美的中国学生会新成立了一个“文学科学研究部”（Institute of Arts and Sciences），我是文学股的委员，负有准备年会时分股讨论的责任。我就同赵元任先生商量，把“中国文字的问题”作为本年文学股的论题，由他和我两个人分做两篇论文，讨论这个问题的两个方面：赵君专论《吾国文字能否采用字母制，及其进行方法》；我的题目是《如何可使我国文言易于教授》。赵君后来觉得一篇不够，连做了几篇长文，说吾国文字可以采用音标拼音，并且详述赞成与反对的理由。他后来是“国语罗马字”的主要制作人；这几篇主张中国拼音文字的论文是国语罗马字的历史的一种重要史料。

我的论文是一种过渡时代的补救办法。我的日记里记此文大旨如下：

1. 汉文问题之中心在于“汉文究可为传授教育之利器否”一问题。

2. 汉文所以不易普及者，其故不在汉文，而在教之之术之不完。同一文字也，甲以讲书之故而通文，能读书作文；乙以徒事诵读不求讲解之故而终身不能读书作文。可知受病之源在于教法。

3. 旧法之弊，盖有四端：

（1）汉文乃是半死之文字，不当以教活文字之法教之（活文字者，日用语言之文字，如英、法文是也，如吾国之白话是也。死文字者，如希腊、拉丁、非日用之语言，已陈死矣。半死文字者，以其中尚有日用之分子在也。如犬字是已死之字，狗字是活字；乘马是死语，骑马是活语。故曰半死之文字也）。旧法不明此义，以为徒事朗诵，可得字义，此其受病之源。教死文字之法，与教外国文字略相似，须用翻译之法，译死语为活语，所谓“讲书”是也。

（2）汉文乃是视官的文字，非听官的文字。凡一字有二要，一为其声，一为其义：无论何种文字，皆不能同时并达此二者。字母的文字但能传声，不能达意，象形会意之文字，但可达意而不能传声。今之汉文已失象形会意指事之特长；而教者又不复知说文学。其结果遂令吾国文字既不能传声，又不能达意。向之有一短者，今乃并失其所长。学者不独须强记字音，又须强记字义，是事倍而功半也。欲救此弊，当鼓励字源学，当以古体与今体同列教科书中；小学教科当先令童蒙习象形指事之字，次及浅易之会意字，次及浅易之形声字。中学以上皆当习字源学。

（3）吾国文本有文法。文法乃教文字语言之捷径，今当鼓励文法学，列为必须之学科。

（4）吾国向不用文字符号，致文字不易普及；而文法之不讲，亦未始不由于此，今当力求采用一种规定之符号，以求文法之明显易解，及意义之确定不易。（以上引一九一五年八月二十六日）。

我是不反对字母拼音的中国文字的；但我的历史训练（也许是一种保守性）使我感觉字母的文字不是容易实行的，而我那时还没有想到白话可以完全替代文言，所以我那时想要改良文言的教授方法，使汉文容易教授。我那段日记的前段还说：

当此字母制未成之先，今之文言终不可废置，以其为仅有之各省交通之媒介也，以其为仅有之教育授受之具也。

我提出的四条古文教授法，都是从我早年的经验里得来的。第一条注重讲解古书，是我幼年时最得力的方法。第二条主张字源学是在美国时的一点经验，有一个美国同学跟我学中国文字，我买一部王筠的《文字蒙求》给他做课本觉得颇有功效。第三条讲求文法是我崇拜《马氏文通》的结果，也是我学习英文的经验的教训。第四条讲标点符号的重要也是学外国文得来的教训；我那几年想出了种种标点的符号，一九一五年六月为《科学》作了一篇《论句读及文字符号》的长文，约有一万字，凡规定符号十种，在引论中我讨论没有符号的三大弊：一为意义不能确定，容易误解，二为无以表示文法上的关系，三为教育不能普及。我在日记里自跋云：

> 吾之有意于句读及符号之学也久矣。此文乃数年来关于此问题之思想结晶而成者，初非一时兴到之作也。后此文中，当用此制。七月二日。

02

以上是一九一五年夏季的事。这时候我已承认白话是活文字，古文是半死的文字。那个夏天，任叔永（鸿隽）、梅觐庄（光迪）、杨杏佛（铨）、唐擘黄（钺）都在绮色佳过夏，我们常常讨论中国文学的问题。从中国文字问题转到中国文学问题，这是一个大转变。这一班人中，最守旧的是梅觐庄，他绝对不承认中国古文是半死或全死的文字。因为他的反驳，我不能不细细想过我自己的立场。他越驳越守旧，我倒渐渐变得更激烈了。我那时常提到中国文学必须经过一场革命；“文学革命”的口号，就是那个夏天我们乱谈出来的。

梅觐庄新从芝加哥附近的西北大学毕业出来，在绮色佳过了夏，要往哈佛大学去。九月十七日，我做了一首长诗送他，诗中有这两段很大胆的宣言：

> 梅生梅生毋自鄙！神州文学久枯馁，百年未有健者起。新潮之来不可止；文学革命其时矣！吾辈势不容坐视。且复号召二三子，革命军前杖马箠，鞭笞驱除一车鬼，再拜迎入新世纪！以此报国未云菲：缩地戡天差可儗。梅生梅生毋自鄙！
>
> 作歌今送梅生行，狂言人道臣当烹。我自不吐定不快，人言未足为重轻。

在这诗里，我第一次用“文学革命”一个名词。这首诗颇引起了一些小风波。原诗共有四百二十字，全篇用了十一个外国字的译音。任叔永把那诗里的一些外国字连缀起来，做了一首游戏诗送我往纽约：

> 牛敦爱迭孙，培根客尔文，
> 索虏与霍桑，"烟士披里纯"：
> 鞭笞一车鬼，为君生琼英。
> 文学今革命，作歌送胡生。

诗的末行自然是挖苦我的“文学革命”的狂言。所以我可不能把这诗当作游戏看。我在九月十九日的日记里记了一行：

> 任叔永戏赠诗，知我乎？罪我乎？

九月二十日，我离开绮色佳，转学到纽约去进哥伦比亚大学，在火车上用叔永的游戏诗的韵脚，写了一首很庄重的答词，寄给绮色佳的各位朋友：

> 诗国革命何自始？要须作诗如作文。
> 琢镂粉饰丧元气，貌似未必诗之纯。
> 小人行文颇大胆，诸公一一皆人英。
> 愿共僇力莫相笑，我辈不作腐儒生。

在这短诗里，我特别提出了“诗国革命”的问题，并且提出了一个“要须作诗如作文”的方案，从这个方案上，惹出了后来做白话诗的尝试。

我认定了中国诗史上的趋势，由唐诗变到宋词，无甚玄妙，只是作诗更近于作文！更近于说话。近世诗人欢喜做宋诗，其实他们不曾明白宋诗的长处在哪儿。宋朝的大诗人的绝大贡献，只在打破了六朝以来的声律的束缚，努力造成一种近于说话的诗体。我那时的主张颇受了读宋词的影响，所以说“要须作诗如作文”，又反对“琢镂粉饰”的诗。

那时我初到纽约，觐庄初到康桥，各人都很忙，没有打笔墨官司的余暇。但这只是暂时的停战，偶一接触，又爆发了。

03

一九一六年，我们的争辩最激烈，也最有效果。争辩的起点，仍旧是我的“要须作诗如作文”的一句诗。梅觐庄曾驳我道：

> 足下谓诗国革命始于“作诗如作文”，迪颇不以为然。诗文截然两途。诗之文字（Poetic diction）与文之文字（Prose diction）自有诗文以来（无论中西），已分道而驰。足下为诗界革命家，改良“诗之文字”则可。若仅移“文之文字”于诗，即谓之革命，则诗界革命不成问题矣。以其太易易也。

任叔永也来信，说他赞成觐庄的主张。我觉得自己很孤立，但我终觉得他们两人的说法都不能使我心服。我不信诗与文是完全截然两途的。我答他们的信，说我的主张并不仅仅是以“文之文字”入诗。我的大意是：

> 今日文学大病在于徒有形式而无精神，徒有文而无质，徒有铿锵之韵，貌似之辞而已。今欲救此文胜之弊，宜从三事入手：第一须言之有物，第二须讲文法，第三，当用“文之文字”时，不可避之。三者皆以质救文胜之敝也。（二月三日）

我自己日记里记着：

> 吾所持论，固不徒以“文之文字”入诗而已。然不避“文之文字”，自是吾论诗之一法。……古诗如白香山之《道州民》，如老杜之《自京赴奉先咏怀》，如黄山谷之《题莲华寺》，何一非用“文之文字”，又何一非用“诗之文字”耶？（三月三日）

这时候，我已仿佛认识了中国文学问题的性质。我认清了这问题在于“有文而无质”。怎么才可以救这“文胜质”的毛病呢？我那时的答案还没有敢想到白话上去，我只敢说“不避文的文字”而已。但这样胆小的提议，我的一班朋友都还不能了解。梅觐庄的固执"诗的文字"与"文的文字"的区别，自不必说。任叔永也不能完全了解我的意思。他有信来说：

> ……要之，无论诗文，皆当有质。有文无质，则成吾国近世萎靡腐朽之文学，吾人正当廓而清之。然使以文学革命自命者，乃言之无文，欲其行远，得乎？近来颇思吾国文学不振，其最大原因，乃在文人无学。救之之法，当从绩学入手。徒于文字形式上讨论，无当也。（二月十日）

这种说法，何尝不是？但他们都不明白"文字形式"往往是可以妨碍束缚文学的本质的。"旧皮囊装不得新酒"，是西方的老话。我们也有"工欲善其事，必先利其器"的古话。文字形式是文学的工具；工具不适用，如何能达意表情？

从二月到三月，我的思想上起了一个根本的新觉悟。我曾彻底想过：一部中国文学史只是一部文字形式（工具）新陈代谢的历史，只是"活文学"随时起来替代了"死文学"的历史。文学的生命全靠能用一个时代的活的工具，来表现一个时代的情感与思想。工具僵化了，必须另换新的，活的，这就是"文学革命"。例如《水浒传》上石秀说的：

> 你这与奴才做奴才的奴才！

我们若把这句话改作古文，"汝奴之奴！"或他种译法，总不能有原文的力量。这岂不是因为死的文字不能表现活的话语？此种例证，何止千百？所以我们可以说：历史上的"文学革命"全是文学工具的革命。叔永诸人全不知道工具的重要，所以说"徒于文字形式上讨论，无当也"。他们忘了欧洲近代文学史的大教训！若没有各国的活语言作新工具，若近代欧洲文人都还须用那已死的拉丁文作工具，欧洲近代文学的勃兴是可能的吗？欧洲各国的文学革命只是文学工具的革命。中国文学史上几番革命也都是文学工具的革命。这是我的新觉悟。

我到此时才把中国文学史看明白了，才认清了中国俗话文学（从宋儒的白话语录到元朝明朝的白话戏曲和白话小说）是中国的正统文学，是代表中国文学革命自然发展的趋势的。我到此时才敢正式承认中国今日需要的文学革命是用白话替代古文的革命，是用活的工具替代死的工具的革命。

一九一六年三月间，我曾写信给梅觐庄，略说我的新见解，指出宋元的白话文学的重要价值。觐庄究竟是研究过西洋文学史的人，他回信居然很赞成我的意见。他说：

> 来书论宋元文学，甚启聋聩。文学革命自当从“民间文学”（Folklore，Popular poetry，Spoken language etc.）入手，此无待言。惟非经一番大战争不可。骤言俚俗文学，必为旧派文家所讪笑攻击。但我辈正欢迎其讪笑攻击耳。（三月十九日）

这封信真叫我高兴，梅觐庄也成了“我辈”了！

我在四月五日把我的见解写出来，作为两段很长的日记。第一段说：

> 文学革命，在吾国史上，非创见也。即以韵文而论：三百篇变而为骚，一大革命也。又变为五言七言之诗，二大革命也。赋之变为无韵之骈文，三大革命也。古诗之变为律诗，四大革命也。诗之变为词，五大革命也。词之变为曲，为剧本，六大革命也。何独于吾所持文学革命论而疑之！

第二段论散文的革命：

> 文亦几遭革命矣。孔子至于秦汉，中国文体始臻完备。……六朝之文亦有绝妙之作。然其时骈俪之体大盛，文以工巧雕琢见长，文法遂衰。韩退之之“文起八代之衰”，其功在于恢复散文，讲求文法，此亦一革命也。唐代文学革命家，不仅韩氏一人；初唐之小说家皆革命功臣也。“古文”一派，至今为散文正宗，然宋人谈哲理者，似悟古文之不适于用，于是语录体兴焉。语录体者，以俚语说理记事。……此亦一大革命也。……至元人之小说，此体始臻极

> 盛。……总之，文学革命至元代而登峰造极。其时词也，曲也，剧本也，小说也，皆第一流之文学，而皆以俚语为之。其时吾国真可谓有一种“活文学”出世。倘此革命潮流（革命潮流即天演进化之迹。自其异者言之，谓之革命。自其循序渐进之迹言之，即谓之进化，可也）不遭明代八股之劫，不受诸文人复古之劫，则吾国之文学必已为俚语的文学，而吾国之语言早成为言文一致之语言，可无疑也。但丁之创意大利文，郤叟之创英吉利文，马丁·路得之创德意志文，未足独有千古矣。惜乎，五百余年来，半死之古文，半死之诗词，复夺此“活文学”之地位，而“半死文学”遂苟延残喘以至于今日。今日之文学，独我佛山人，南亭亭长，洪都百炼生诸公之小说可称“活文学”耳。文学革命何可更缓耶！何可更缓耶！（四月五日夜记）

从此以后，我觉得我已从中国文学演变的历史上，寻得了中国文学问题的解决方案，所以我更自信这条路是不错的。过了几天，我作了一首《沁园春》词，写我那时的情绪：

沁园春　誓诗

更不伤春，更不悲秋，以此誓诗。
任花开也好，花飞也好，月圆固好，日落何悲？
我闻之曰，“从天而颂，孰与制天而用之？”
更安用，为苍天歌哭，作彼奴为！
文学革命何疑！且准备搴旗作健儿。
要前空千古，下开百世，收他臭腐，还我神奇。
为大中华，造新文学，此业吾曹欲让谁？
诗材料，有簇新世界，供我驱驰。

（四月十三日）

这首词下半阕的口气是很狂的，我自己觉得有点不安，所以修改了好多次。到了第三次修改，我把“为大中华，造新文学，此业吾曹欲让谁”的狂言，全删掉了，下半阕就改成了这个样子：

> ……文章要有神思，
> 到琢句雕词意已卑。
> 定不师秦七，不师黄九，但求似我，何效人为！
> 语必由衷，言须有物，此意寻常当告谁！
> 从今后，傥傍人门户，不是男儿！

这次改本后，我自跋云：

> 吾国文学大病有三：一曰无病而呻，……二曰摹仿古人，……三曰言之无物……顷所作词，专攻此三弊，岂徒责人，亦以自誓耳。（四月十七日）

前答觐庄书，我提出三事：言之有物，讲文法，不避“文的文学”；此跋提出的三弊，除“言之无物”与前第一事相同，余二事是添出的。后来我主张的文学改良的八件，此时已有五件了。

04

一九一六年六月中，我往克利佛兰赴“第二次国际关系讨论会”，去时来时都经过绮色佳，去时在那边住了八天，常常和任叔永，唐擘黄，杨杏佛诸君谈论改良中国文学的方法，这时候我已有了具体的方案，就是用白话作文，作诗，作戏曲。日记里记我谈话的大意有九点：

1. 今日之文言乃是一种半死的文字。
2. 今日之白话是一种活的语言。
3. 白话并不鄙俗，俗儒乃谓之俗耳。
4. 白话不但不鄙俗，而且甚优美适用。

凡言要以达意为主，其不能达意者，则为不美。如说，“赵老头回过身来，爬在街上，扑通扑通的磕了三个头”，若译作文言，更有何趣味？

5. 凡文言之所长，白话皆有之。而白话之所长，则文言未必能及之。

6. 白话并非文言之退化，乃是文言之进化，其进化之迹，略如下述：

（1）从单音的进而为复音的。

（2）从不自然的文法进而为自然的文法。

例如“舜何人也”变为“舜是什么人”；“己所不欲”变为“自己不要的”。

（3）文法由繁趋简。例如代名词的一致。

（4）文言之所无，白话皆有以补充。例如文言只能说“此乃吾儿之书”，但不能说“这书是我儿子的”。

7. 白话可以产生第一流文学。白话已产生小说，戏剧，语录，诗词，此四者皆有史事可证。

8. 白话的文学为中国千年来仅有之文学。其非白话的文学，如古文，如八股，如笔记小说，皆不足与于第一流文学之列。

9. 文言的文字可读而听不懂；白话的文字既可读，又听得懂。凡演说、讲学、笔记、文言决不能应用。今日所需，乃是一种可读、可听、可歌、可讲、可记的言语。要读书不须口译，演说不须笔译；要施诸讲坛舞台而皆可，诵之村妪妇孺皆可懂。不如此者，非活的言语也，决不能成为吾国之国语也，决不能产生第一流的文学也。（七月六日追记）

七月二日，我回纽约时，重过绮色佳，遇见梅觐庄，我们谈了半天，晚上我就走了。日记里记此次谈话的大致如下：

吾以为文学在今日不当为少数文人之私产，而当以能普及最大多数之国人为一大能事。吾又以为文学不当与人事全无关系；凡世界有永久价值之文学，皆尝有大影响于世道人心者也。觐庄大攻此说，以为 Utilitarian（功利主义），又以为偷得 Tolstoy（托尔斯泰）之绪余；以为此等十九世纪之旧说，久为今人所弃置。

余闻之大笑。夫吾之论中国文学，全从中国一方面着想，初不管欧西批评家发何议论。吾言而是也，其为 Utilitarian，其为 Tolstoyan 又何损其为是。吾言而非也，但当攻其所以非之处，不必问其为 Utilitarian 抑为 Tolstoyan 也。（七月十三日追记）

05

我回到纽约之后不久，绮色佳的朋友们遇着了一件小小的不幸事故，产生了一首诗，引起了一场大笔战，竟把我逼上了决心试做白话诗的路上去。

七月八日，任叔永同陈衡哲女士、梅觐庄、杨杏佛、唐擘黄在凯约嘉湖上摇船，近岸时船翻了，又遇着大雨。虽没有伤人，大家的衣服都湿了。叔永做了一首四言的《泛湖即事》长诗，寄到纽约给我看。诗中有“言棹轻楫，以涤烦疴”；又有“猜谜赌胜，载笑载言”等等句子。恰好我是曾做《诗三百篇中“言”字解》的，看了“言棹轻楫”的句子，有点不舒服，所以我写信给叔永说：

> ……再者，诗中所用“言”字“载”字，皆系死字；又如“猜谜赌胜，载笑载言”二句，上句为二十世纪之活字，下句为二千年前之死句，殊不相称也。（七月十六日）

叔永不服，回信说：

> 足下谓“言”字“载”字为死字，则不敢谓然。如足下意，岂因《诗经》中曾用此字，吾人今日所用字典便不当搜入耶？“载笑载言”因为“三千年前之语”，然可用以达我今日之情景，即为今日之语，而非“三千年前之死语”，此君我不同之点也。（七月

十七日）

我的本意只是说“言”字“载”字在文法上的作用，在今日还未能确定，我们不可轻易乱用。我们应该铸造今日的话语来“达我今日之情景”，不当乱用意义不确定的死字。苏东坡用错了“驾言”两字，曾为章子厚所笑。这是我们应该引为训戒的。

这一点本来不很重要，不料竟引起了梅觐庄出来代抱不平：他来信说：

> 足下所自矜为“文学革命”真谛者，不外乎用“活字”以入文，于叔永诗中稍古之字，皆所不取，以为非“二十世纪之活字”。此种论调，固足下所恃为哓哓以提倡“新文学”者，迪又闻之素矣。夫文学革新，须洗去旧日腔套。务去陈言，固矣。然此非尽屏古人所用文字，而另以俗语白话代之之谓也。……足下以俗语白话为向来文学上不用之字，骤以入文，似觉新奇而美，实则无永久价值。因其向未经美术家之锻炼，徒委诸愚夫愚妇，无美术观念者之口，历世相传，愈趋愈下，鄙俚乃不可言。足下得之，乃矜矜自喜，眩为创获，异矣！如足下之言，则人间材智，教育，选择，诸事，皆无足算，而村农伧夫皆足为诗人美术家矣。甚至非洲之黑蛮，南洋之土人，其言文无分者，最有诗人美术家之资格也。何足下之醉心于俗语白话如是耶？至于无所谓“活文学”，亦与足下前此言之。……文字者，世界上最守旧之物也。……一字意义之变迁，必经数十或数百年而后成，又须经文学大家承认之，而恒人始沿用之焉。足下乃视改革文字如是之易易乎？……
>
> 总之，吾辈言文学革命，须谨慎以出之。尤须先精究吾国文字，始敢言改革。欲加用新字，须先用美术以锻炼之。非仅以俗语白话代之，即可了事者也（俗语白语亦有可用者，惟必须经美术家之锻炼耳）。如足下言，乃以暴易暴耳，岂得谓之改良乎？（七月十七日）

觐庄有点动了气，我要和他开开玩笑，所以做了一首一千多字的白话游戏诗回答他。开篇就是描摹老梅生气的神气：

“人闲天又凉”，老梅上战场。
拍桌骂胡适，说话太荒唐！
说什么“中国有活文学”！
说什么“须用白话做文章”！
文字那有死活！白话俗不可当！
……

第二段中有这样的话：

老梅牢骚发了，老胡哈哈大笑。
且请平心静气，这是什么论调！
文字没有古今，却有死活可道。
古人叫做“欲”，今人叫做“要”。
古人叫做“至”，今人叫做“到”。
古人叫做“溺”，今人叫做“尿”。
本来同是一字，声音少许变了。
并无雅俗可言，何必纷纷胡闹？
至于古人叫“字”，今人叫“号”；
古人悬梁，今人上吊：
古名虽未必不佳，今名又何尝不妙？
至于古人乘舆，今人坐轿；
古人加冠束帻，今人但知戴帽：
这都是古所没有，而后人所创造。
若必叫帽作巾，叫轿作舆，
岂非张冠李戴，认虎作豹？

第四段专答他说的“白话须锻炼”的意思：

今我苦口哓舌，算来却是为何？
正要求今日的文学大家，
把那些活泼泼的白话，
拿来锻炼，拿来琢磨，
拿来作文演说，作曲作歌：——
出几个白话的嚣俄，
和几个白话的东坡，
那不是“活文学”是什么？
那不是“活文学”是什么？

这首“打油诗”是七月二十二日做的，一半是少年朋友的游戏，一半是我有意试做白话的韵文。但梅、任两位都大不以为然。觐庄来信大骂我，他说：

> 读大作如儿时听《莲花落》，真所谓革尽古今中外诗人之命者！足下诚豪健哉！（七月二十四日）

叔永来信也说：

> 足下此次试验之结果，乃完全失败；盖足下所作，白话则诚白话矣，韵则有韵矣，然却不可谓之诗。盖诗词之为物，除有韵之外，必须有和谐之音调，审美之辞句，非如宝玉所云“押韵就好”也。（七月二十四日夜）

对于这一点，我当时颇不心服，曾有信替自己辩护，说我这首诗，当作一首 Satire（嘲讽诗）看，并不算是失败，但这种“戏台里喝采”实在大可不必。我现在回想起来，也觉得自己好笑。

但这一首游戏的白话诗，本身虽没有多大价值，在我个人做白话诗的历史上，可是很重要的。因为梅、任诸君的批评竟逼得我不能不努力试做白话诗了。觐庄的信上曾说：

文章体裁不同。小说词曲固可用白话，诗文则不可。

叔永的信上也说：

要之，白话自有白话用处（如作小说演说等），然不能用之于诗。

这样看来，白话文学在小说词曲演说的几方面，已得梅、任两君承认了。觐庄不承认白话可作诗与文，叔永不承认白话可用来作诗。觐庄所谓“文”自然是指《古文辞类纂》一类书里所谓“文”（近来有人叫做“美文”）。在这一点上，我毫不狐疑，因为我在几年前曾做过许多白话的议论文，我深信白话文是不难成立的。现在我们的争点，只在“白话是否可以作诗”的一个问题了。白话文学的作战，十仗之中，已胜了七八仗。现在只剩一座诗的壁垒，还须用全力去抢夺。待到白话征服这个诗国时，白话文学的胜利就可说是十足的了，所以我当时打定主意，要作先锋去打这座未投降的壁垒：就是要用全力去试做白话诗。

叔永的长信上还有几句话使我更感觉这种试验的必要。他说：

如凡白话皆可为诗，则吾国之京调高腔，何一非诗？……呜呼适之，吾人今日言文学革命，乃诚见今日文学有不可不改革之处，非特文言白话之争而已。……以足下高才有为，何为舍大道不由，而必旁逸斜出，植美卉于荆棘之中哉？……今且假定足下之文学革命成功，将令吾国作诗皆京调高腔，而陶谢李杜之流永不复见于神州，则足下之功又何如哉，心所谓危，不可不告。……足下若见听，则请从他方面讲文学革命，勿徒以白话诗为事矣。（七月二十四夜）

这段话使我感觉他们都有一个根本上的误解。梅、任诸君都赞成“文学革命”，他们都“诚见今日文学有不可不改革之处”。但他们赞成的文学革命，只是一种空荡荡的目的，没有具体的计划，也没有下手的途径。等到我提出了一个具体的方案（用白话做一切文学的工具），他们又都不赞成了。他们都说，文学革命决不是“文言白话之争而已”。他们都说，文学革命应该有“他方面”，应该走“大道”。究竟那“他方面”是什么方面呢？究竟那“大道”是什么道呢？他们又都说不出来了；他们只知道决不是白话！

我也知道光有白话算不得新文学，我也知道新文学必须有新思想和新精神。但是我认定了：无论如何，死文字决不能产生活文学。若要造一种活的文学，必须有活的工具。那已产生的白话小说词曲，都可证明白话是最配做中国活文学的工具的。我们必须先把这个工具抬高起来，使他成为公认的中国文学工具，使他完全替代那半死的或全死的老工具。有了新工具，我们方才谈得到新思想和新精神等等其他方面。这是我的方案。现在反对的几位朋友已承认白话可以作小说戏曲了。他们还不承认白话可以作诗。这种怀疑，不仅是对于白话诗的局部怀疑，实在还是对于白话文学的根本怀疑。在他们的心里，诗与文是正宗，小说戏曲还是旁门小道。他们不承认白话诗文，其实他们是不承认白话可作中国文学的唯一工具。所以我决心要用白话来征服诗的壁垒，这不但是试验白话诗是否可能，这就是要证明白话可以做中国文学的一切门类的唯一工具。

白话可以作诗，本来是毫无可疑的。杜甫、白居易、寒山、拾得、邵雍、王安石，陆游的白话诗都可以举来作证。词曲里的白话更多了。但何以我的朋友们还不能承认白话诗的可能呢？这有两个原因：第一是因为白话诗确是不多：在那无数的古文诗里，这儿那儿的几首白话诗在数量上确是很少的。第二是因为旧日的诗人词人只有偶然用白话做诗词的，没有用全力做白话诗词的，更没有自觉的做白话诗词的。所以现在这个问题还不能光靠历史材料的证明，还须等待我们用实地试验来证明。

所以我答叔永的信上说：

> 总之，白话未尝不可以入诗，但白话诗尚不多见耳。古之所少有，今日岂必不可多作乎？……
>
> 白话之能不能作诗，此一问题全待吾辈解决。解决之法，不在乞怜古人，谓古之所无，今必不可有；而在吾辈实地试验。一次“完全失败”，何妨再来？若一次失败，便“期期以为不可”，此岂“科学的精神”所许乎？……
>
> 高腔京调未尝不可成为第一流文学。……适以为但有第一流文

人肯用高腔京调著作，便可使京调高腔成第一流文学。病在文人胆小不敢用之耳。元人作曲可以取仕宦，下之亦可谋生，故名士如高则诚、关汉卿之流皆肯作曲作杂剧。今日高腔京调皆不文不学之戏子为之，宜其不能佳矣。此则高腔京调之不幸也。足下亦知今日受人崇拜之莎士比亚，即当唱京调高腔者乎？与莎氏并世之培根著《论集》(Essays)，有拉丁文英文两种本子；书既出世，培根自言，其他日不朽之名当赖拉丁文一本；而英文本则但以供一般普通俗人传诵耳，不足轻重也。此可见当时之英文的文学，其地位皆与今日京调高腔不相上下。……吾绝对不认"京调高腔"与"陶谢李杜"为势不两立之物。今且用足下之文学以述吾梦想中之文学革命之目的，曰：

1. 文学革命的手段，要令国中之陶、谢、李、杜敢用白话京调高腔作诗。要令国中之陶、谢、李、杜皆能用白话与京调高腔作诗。

2. 文学革命的目的，要令中国有许多白话京调高腔的陶、谢、李、杜，要令白话京调高腔之中产生几许陶、谢、李、杜。

3. 今日决用不着陶、谢、李、杜的陶、谢、李、杜。何也？时代不同也。

4. 吾辈生于今日，与其作不能行远不能普及的《五经》、两汉、六朝、八家文字，不如作家喻户晓的《水浒》《西游》文字。与其作似陶似谢似李似杜的诗，不如作不似陶不似谢不似李不似杜的白话诗。与其作一个"真诗"，走"大道"，学这个，学那个的陈伯严、郑苏龛，不如作一个实地试验，"旁逸斜出"，"舍大道而弗由"的胡适。

此四者、乃适梦想中文学革命之宣言书也。

嗟夫，叔永，吾岂好立异以为高哉？徒以"心所谓是，不敢不为"。吾志决矣。吾自此以后，不更作文言诗词。吾之《去国集》乃是吾绝笔的文言韵文也。(七月二十六日)

这是我第一次宣言不做文言的诗词。过了几天，我再答叔永道：

古人说："工欲善其事，必先利其器。"文字者，文学之器也。我私心以为文言决不足为吾国将来文学之利器。施耐庵、曹雪芹诸人已实地证明作小说之利器在于白话。今尚需人实地试验白话是否可为韵文之利器耳……。

我自信颇能用白话作散文，但尚未能用之于韵文。私心颇欲以数年之力，实地练习之。倘数年之后，竟能用文言白话作文作诗，无不随心所欲，岂非一大快事？

我此时练习白话韵文，颇似新辟一文学殖民地。可惜须单身匹马而往，不能多得同志，结伴同行。然我去志已决。公等假我数年之期。倘此新国尽是沙碛不毛之地，则我或终归老于"文言诗国"，亦未可知。倘幸而有成，则辟除荆棘之后，当开放门户，迎公等同来莅止耳。"狂言人道臣当烹。我自不吐定不快，人言未足为轻重。"足下定笑我狂耳。（八月四日）

这封信是我对于一班讨论文学的朋友的告别书。我把路线认清楚了，决定努力做白话诗的试验，要用试验的结果来证明我的主张的是非。所以从此以后，我不再和梅、任诸君打笔墨官司了。信中说的"可惜须单身匹马而往，不能多得同志，结伴同行"，也是我当时心里感觉的一点寂寞。我心里最感觉失望的，是我平时最敬爱的一班朋友都不肯和我同去探险。一年多的讨论，还不能说服一两个好朋友，我还妄想要在国内提倡文学革命的大运动吗？

有一天，我坐在窗口吃我自做的午餐，窗下就是一大片长林乱草，远望着赫贞江。我忽然看见一对黄蝴蝶从树梢飞下来；一会儿，一只蝴蝶飞了去了；还有一只蝴蝶独自飞了一会，也慢慢地飞下去，去寻他的同伴去了，我心里颇有点感触，感触到一种寂寞的难受，所以我写了一首白话小诗，题目就叫做《朋友》（后来才改作《蝴蝶》）：

两个黄蝴蝶，双双飞上天。
不知为什么，一个忽飞还，
剩下那一个，孤单怪可怜，

也无心上天，天上太孤单。

（八月二十三日）

这种孤单的情绪，并不含有怨望我的朋友的意思。我回想起来，若没有那一班朋友和我讨论，若没有那一日一邮片，三日一长函的朋友切磋的乐趣，我自己的文学主张决不会经过那几层大变化，决不会渐渐结晶成一个有系统的方案，决不会慢慢的寻出一条光明的大路来。况且那年（一九一六）的三月间，梅觐庄对于我的俗话文学的主张，已很明白的表示赞成了（看上文引他的三月十九日来信）。后来他们的坚决反对，也许是我当时的少年意气太盛，叫朋友难堪，反引起他们的反感来了，就使他们不能平心静气的考虑我的历史见解，就使他们走上了反对的路上去。但是因为他们的反驳，我才有实地试验白话诗的决心。庄子说得好："彼出于是，是亦因彼。"一班朋友做了我多年的"他山之错"，我对他们，只有感激，决没有丝毫的怨望。

我的决心试验白话诗，一半是朋友们一年多讨论的结果，一半也是我受的实验主义的哲学的影响。实验主义教训我们：一切学理都只是一种假设；必须要证实了，然后可算是真理。证实的步骤，只是先把一个假设的理论的种种可能的结果都推想出来，然后想法子来试验这些结果是否适用，或是否能解决原来的问题。我的白话文学论不过是一个假设，这个假设的一部分（小说词曲等）已有历史的证实了；其余一部分（诗）还须等待实地试验的结果。我的白话诗的实地试验，不过是我的实验主义的一种应用。所以我的白话诗还没有写得几首，我的诗集已有了名字了，就叫做《尝试集》。我读陆游的诗，有一首诗云：

能仁院前有石像丈余，盖作大像时样也。
江阁欲开千尺像，云龛先定此规模。
斜阴徙倚空长叹，尝试成功自古无。

陆放翁这首诗大概是别有所指；他的本意大概是说：小试而不得大用，是不会成功的，我借他这句诗，做我的白话诗集的名字，并且做了一首诗，说明我的尝试主义：

尝试篇

“尝试成功自古无”，放翁这话未必是。我今为下一转语，自古成功在尝试。请看药圣尝百草，尝了一味又一味。又如名医试丹药，何嫌六百零六次。莫想小试便成功，那有这样容易事！有时试到千百回，始知前功尽抛弃。即使如此已无愧，即此失败便足记。告人此路不通行；可使脚力莫浪费。我生求师二十年，今得“尝试”两个字。作诗做事要如此，虽未能到颇有志。作“尝试歌”颂吾师，愿大家都来尝试！（八月三日）

这是我的实验主义的文学观。

这个长期讨论的结果，使我自己把许多散漫的思想汇集起来，成为一个系统。一九一六年的八月十九日，我写信给朱经农，中有一段说：

新文学之要点，约有八事：

1. 不用典。
2. 不用陈套语。
3. 不讲对仗。
4. 不避俗字俗语（不嫌以白话作诗词）。
5. 须讲求文法（以上为形式的方面）。
6. 不作无病之呻吟。
7. 不摹仿古人。
8. 须言之有物（以上为精神[内容]的方面）。

那年十月中，我写信给陈独秀先生，就提出这八个“文学革命”的条件，次序也是这样的。不到一个月，我写了一篇《文学改良刍议》，用复写纸抄了两份，一份给《留美学生季刊》发表，一份寄给独秀在《新青年》上发表。在这篇文字里，八件事的次序大改变了：

1. 须言之有物。
2. 不摹仿古人。
3. 须讲求文法。

4. 不作无病之呻吟。
5. 务去烂调套语。
6. 不用典。
7. 不讲对仗。
8. 不避俗字俗语。

这个新次第是有意改动的。我把“不避俗字俗语”一件放在最后，标题只是很委婉的说“不避俗字俗语”，其实是很郑重的提出我的白话文学的主张。我在那篇文字里说：

> 吾惟以施耐庵、曹雪芹、吴趼人为文学正宗，故有“不避俗字俗语”之论也。盖吾国言文之背驰久矣。自佛书之输入，译者以文言不足以达意，故以浅近之文译之，其体已近白话。其后佛氏讲义语录尤多用白话为之者，是为语录体之原始。及宋人讲学，以白话为语录，此体遂成讲学正体（明人因之）。当是时，白话已久入韵文，观宋人之诗词可见。乃至元时，中国北部在异族之下三百余年矣。此三百年中，中国乃发生一种通俗行远之文学，文则有《水浒》《西游》《三国》，曲则尤不可胜计。以今世眼光观之，则中国文学当以元代为至盛；传世不朽之作，当以元代为最多。此无可疑也。当是时，中国之文学最近言文合一，白话几成文学的语言矣。使此趋势不受阻遏，则中国几有一“活文学”出现，而但丁、路得之伟业几发生于神州。不意此趋势骤为明代所阻，政府即以八股取士，而当时文人以何李七子之徒，又争以复古为高。于是此千年难遇言文合一之机会，遂中道夭折也。然以今世历史进化的眼光观之，则白话文学之为中国文学之正宗，又为将来文学必用之利器，可断言也。以此之故，吾主张今日作文作诗，宜采用俗语俗字。与其用三千年前之死字，不如用二十世纪之活字。与其作不能行远不能普及之秦汉六朝文字，不如作家喻户晓之《水浒》《西游》文字也。

这完全是用我三四月中写出的中国文学史观（见上文引的四月五日日记），

稍稍加上一点后来的修正，可是我受了在美国的朋友的反对，胆子变小了，态度变谦虚了，所以标题但称《文学改良刍议》，而全篇不敢提起“文学革命”的旗子。篇末还说：

> 上述八事，乃我年来研思此一大问题之结果。……谓之“刍议”，犹云未定草也。伏惟国人同志有以匡纠是正之。

这是一个国外留学生对于国内学者的谦逊态度。文字题为“刍议”，诗集题为“尝试”，是可以不引起很大的反感的了。

陈独秀先生是一个老革命党，他起初对于我的八条件还有点怀疑（《新青年》二卷二号。其时国内好学深思的少年，如常乃德君，也说“说理纪事之文，必当以白话行之，但不可施于美术文耳”见《新青年》二卷四号），但他见了我的《文学改良刍议》之后，就完全赞成我的主张；他接着写了一篇《文学革命论》(《新青年》二卷五号)，正式在国内提出“文学革命”的旗帜。他说：

> 文学革命之气运，酝酿已非一日。其首举义旗之急先锋则为吾友胡适。余甘冒全国学究之敌，高张“文学革命军”之大旗，以为吾友之声援。旗上大书特书吾革命三大主义：
>
> 曰：推倒雕琢的，阿谀的贵族文学；建设平易的，抒情的国民文学。
>
> 曰：推倒陈腐的，铺张的古典文学；建设新鲜的，立诚的写实文学。
>
> 曰：推倒迂晦的，艰涩的山林文学；建设明了的，通俗的社会文学。

独秀之外，最初赞成我的主张的，有北京大学教授钱玄同先生（《新青年》二卷六号《通讯》，又三卷一号《通讯》）。此后文学革命的运动就从美国几个留学生的课余讨论，变成国内文人学者的讨论了。

《文学改良刍议》是一九一七年一月出版的，我在一九一七年四月九日还写了一封长信给陈独秀先生，信内说：

> 此事之是非，非一朝一夕所能定，亦非一二人所能定。甚愿国中人士能平心静气与吾辈同力研究此问题。讨论既熟，是非自明。吾辈已张革命之旗，虽不容退缩，然亦决不敢以吾辈所主张为必是，而不容他人之匡正也。……

独秀在《新青年》（第三卷三号）上答我道：

> 鄙意容纳异议，自由讨论，固为学术发达之原则，独至改良中国文学当以白话为正宗之说，其是非甚明，必不容反对者有讨论之余地；必以吾辈所主张者为绝对之是，而不容他人之匡正也。盖以吾国文化倘已至文言一致地步，则以国语为文，达意状物，岂非天经地义？尚有何种疑义必待讨论乎？其必欲摈弃国语文学，而悍然以古文为正宗者，犹之清初历家排斥西法，乾嘉畴人非难地球绕日之说，吾辈实无余闲与之作此无谓之讨论也。

这样武断的态度，真是一个老革命党的口气。我们一年多的文学讨论的结果，得着了这样一个坚强的革命家做宣传者，做推行者，不久就成为一个有力的大运动了。

（《四十自述》的一章，二十二年十二月三日夜脱稿。）

新文化运动

胡适

我简单说来，我们的中心理论只有两个：一个是我们要建立一种“活的文学”，一个是我们要建立一种“人的文学”。前一个理论是文字工具的革新，后一种是文学内容的革新。中国新文学运动的一切理论都可以包括在这两个中心思想的里面。

原书自序

启明书局的沈志明先生和应文婵女士把我的两篇文字重印出来，题作《中国新文学运动小史》，我很感谢他们的好意。这里的第一篇文字是民国二十四年写的，原来是专为《中国新文学大系》第一册写的《导言》，是从来没有印过的。《逼上梁山》是我的自传的一章，是民国二十二年写的，原文在《东方杂志》第31卷第1号发表过。当年我编辑《中国新文学大系》第一册，就把这篇收进去作一种史料。现在和《导言》印在一块，好像是一件颇适宜的附录，这两篇文字都是叙述中国新文学运动的最初期的史料，其中当然有不少"戏台里喝采"的说话，我很盼望能得到读者的原谅。但我们在那个时候提出的两个目标，一个是"活的文学"，一个是"人的文学"——我相信这两个商标到今天还是值得我们继续努力的。

1958年6月3日

中国新文学运动小史

《中国新文学大系》第一集的《导言》

01

中国新文学运动的历史，我们至今还不能有一种整个的叙述。为什么呢？第一，因为时间太逼近了，我们的记载与论断都免不了带着一点主观情感的成分，不容易得着客观的，严格的史的记录。第二，在这短短的二十年里，这个文学运动的各个方面的发展是不很平均的，有些方面发展的很快，有些方面发展的稍迟；如散文和短篇小说就比长篇小说和戏剧发展的早多了。一个文学运动的历史的估价，必须包括它的出产品的估价。单有理论的接受，一般影响的普遍，都不够证实那个文学运动的成功。所以在今日新文学的各方面都还不曾有大数量的作品可以供史家评论的时候，这部历史是写不成的。

文学革命的目的是要用活的语言来创作新中国的新文学，——来创作活的文学，人的文学。新文学的创作有了一分的成功，即是文学革命有了一分的成功。"人们要用你结的果子来评判你。"正如政治革命的目的是要建立一个新的社会秩序，那个新社会秩序的成败即是那个政治革命的成败。文学革命产生出来的新文学不能满足我们赞成革命者的期望，就如同政治革命不能产生更满意的社会秩序一样，虽有最圆满的革命理论，都只好算作不兑现的纸币了。

这一集的理论文字，代表民国六年（1904—1910）到九年之间（1917—1920）的文学革命的理论，大都是从《新青年》《新潮》《每周评论》《少年中国》，几个杂志里选择出来的，因为这几个刊物都是中国新文学运动的急先锋，都是它的最早的主要宣传机关。

这一集所收的文字，分作三组：第一组是一篇序幕，记文学革命在国外怎样发生的历史；这虽然是一种史实的记载，其实后来许多革命理论的纲领都可以在这里看见了。在这篇文章说明之前我应该扼要的叙述这个文学革命运动的历史的背景。这个背景的一个重要方面，是古文在那四五十年中作最后挣扎的一段历史（参看我的《五十年来之中国文学》）。那个时代是桐城派古文的复兴时期。从曾国藩到吴汝纶，桐城派古文得着最有力的提倡，得着很大的响应。曾国藩说的“举天下之美，无以易乎桐城姚氏者也”，最可以代表当时文人对这个有势力的文派的信仰。我们在今日回头看桐城派古文在当日的势力之大，传播之广，也可以看出一点历史的意义。桐城派古文的抬头，就是骈俪文体的衰落。自从韩愈提出“文从字顺各识职”的古文标准以后，一些“古文”大家大都朝着“文从字顺”的方向努力。只有这条路可以使那已死的古文勉强应用，所以在这一千年之中，古文越做越通顺了。——宋之欧、苏，明之归有光、钱谦益，清之方苞、姚鼐，都比唐之韩、柳更通顺明白了。到曾国藩，这一派的文字可算是到了极盛的时代。他们不高谈秦汉，甚至于不远慕唐宋，竟老老实实的承认桐城古文为天下之至美！这不是无意的降格，这是有意的承认古文的仿作越到后来越有进步。所以王先谦《续古文辞类纂》的自序说：

> 学者将欲杜歧趋，遵正轨，姚氏而外，取法梅曾（梅曾亮、曾国藩），足矣。

姚鼐、曾国藩的古文差不多统一了19世纪晚期的中国散文。散文体做到了明白通顺的一条路，它的应用的能力当然比那骈俪文和模仿殷盘周诰的假古文大多了。这也是一个转变时代的新需要。这是桐城古文得势的历史意义。

在那个社会与政治都受绝大震荡的时期，古文应用的方面当然比任何过去时期更多更广了。总计古文在那四五十年中，有这么多的用处：第一是时务策论的文章，如冯桂芬的《校邠庐抗议》，如王韬的报馆文章，如郑观应、邵作舟、汤寿潜诸家的“危言”，都是古文中的“策士”一派。后起的政论文家如谭嗣同，如梁启超，如章士钊，也都是先从桐城古文入手的。第二是翻译外国的学术著作。最有名的严复，就出于桐城派古文家吴汝纶的门下。吴汝纶赞美严复的《天演论》，说“其书乃骎骎与晚周诸子相上下”，严复自己也说“精理微言，用汉以前字法句法则为达易，用近世利俗文字则求达难”。其实严复的译文全是学桐城古文，有时参用佛经译文的句法；不过他翻译专门术语，往往极力求古雅，所以外貌颇有古气。第三是用古文翻译外国小说。最著名的译人林纾也出于吴汝纶的门下；其他用古文译小说的人，也往往是学桐城古文的，或是间接模仿林纾的古文的。

古文经过桐城派的廓清，变成通顺明白的文体，所以在那几十年中，古文家还能勉强挣扎，要想运用那种文体来供给一个骤变的时代需要。但时代变的太快了，新的事物太多了，新的知识太复杂了，新的思想太广博了，那种简单的古文体，无论怎样变化，终不能应付这个新时代的要求，终于失败了。失败最大的是严复式的译书。严复自己在《群己权界论》的凡例里曾说：

> 海外读吾译者，往往以不可猝解，訾其艰深。不知原书之难且实过之。理本奥衍，与不佞文字固无涉也。

这是他的译书失败的铁证。今日还有学严复译书的人，如章士钊先生，他们的译书是不会有人读的了。

其次是林纾的翻译小说的失败。用古文写的小说，最流行的是蒲松龄的《聊斋志异》；《聊斋志异》有圈点详注本，故士大夫阶级多能阅读。古文到了桐城一派，叙事记言多不许用典，比聊斋时代的古文干净多了。所以林纾译的小说，没有注释典故的必要，然而用古文译书，不加圈读，懂得的人就很少。林译小说都用圈断句，故能读者较多。但能读这类古文小说的人，实在是很少的。林纾的名声大了，他的小说每部平均能销几百本，在当时要算销行最广的了，但当时一切书籍（除小学教科书外）的销路都是绝可怜的小！后来周树人、周作人两先生合译《域外小说集》，他们都能直接从外国文字译书，他们的古文也比林纾更通畅细密，然而他们的书在十年之中只销了二十一册！这个故事可以使我们明白，用古文译小说，也是一样劳而无功的死路，因为能读古文小说的人实在太少了。至于古文不能翻译外国近代文学的复杂文句和细致描写，这是能读外国原书的人都知道的，更不用说了。

严格说来，谭嗣同、梁启超的议论文已不是桐城派所谓“古文”了。梁启超自己说他亡命到国外以后，做文章即：

> 自解放，务为平易畅达，时杂以俚语，韵语，及外国语法；纵笔所至不检束。学者竞效之，号新文体。老辈则痛恨，诋为野狐。然其文条理明晰，笔锋常带情感，对于读者，别有一种魔力焉。

这种“新文体”是古文的大解放。靠着圈点和分段的帮助，这种解放的文体居然能做长篇的议论文章了；每遇一个抽象的题目，往往列举譬喻，或列举事例，每一譬喻或事例各自成一段，其体势颇像分段写的八股文的长比，而不受骈四俪六的拘束，所以气势汪洋奔放，而条理浅显，容易使读者受感动。在一个感受绝大震荡的过渡社会里，这种解放的新文体曾有很伟大的魔力。但议论的文字不是完全走情感的一条路的。经过了相当时期的教育发展，这种奔放的情感文字渐渐的被逼迫而走上了理智的辩驳文字的路。梁启超中年的文章也渐渐从奔放回到细密，全不像他壮年的文章了。后起的政论家，更不能不注重逻辑的谨严，文法的细密，理论的根据。章士钊生于桐城古文大本营的湖南，他的文章很有桐城气息。他一面受了严复的古文译书的影响，一面又颇受了英国19世纪政论文章的影响，所以他颇想做出一种严密的说理文章。同时的政论家也颇受他的影响，朝着这个方面做去。这种文章实在是和严复的译书很相像的：严复是用古文翻外国书，章士钊是用古文说外国话。说的人非常费劲，读的人也得非常费劲，才读得懂。章士钊一班人的政论当然也和严复的译书同其命运，因为“不可猝解”。于是这第三个方面的古文应用也失败了。

在那二三十年中，古文家力求应用，想用古文来译学术书，译小说，想用古文来说理论政，然而都失败了。此外如章炳麟先生主张回到魏晋的文章，“将取千年朽蠹之余，反之正则”，更富有复古的意味，应用的程度更小了，失败更大了。他们的失败，总而言之，都在于难懂难学。文字的功用在于达意，而达意的范围以能达到最大多数人为最成功。在古代社会中，最大多数人是和文字没交涉的。做文章的人，高的只求绝少数的“知音”的欣赏，低的只求能“中试官”的口味。所以他们心目中从来没有“最大多数人”的观念。所以凡最大多数人都能欣赏的文学杰作，如《水浒传》，如《西游记》，都算不得文学！这一个根本的成见到了那个过渡的骤变的时代，还不曾打破，所以严复、林纾、梁启超、章炳麟、章士钊诸人都还不肯抛弃那种完全为绝少数人赏玩的文学工具，都还妄想用那种久已僵死的文字来做一个新时代达意表情说理的工具。他们都有革新国家社会的热心，都想把他们的话说给多数人听。可是他们都不懂得为什么多数人不能读他们的书，听他们的话！严复说的最妙：

> 理本奥衍，与不佞文字固无涉也。

在这十三个字里，我们听见了古文学的丧钟，听见了古文学家自己宣告死刑。他们仿佛很生气的对多数人说："我费尽气力做文章，说我的道理，你们不懂，是你们自己的罪过，与我的文章无干！"

在这样的心理之下，古文应用的努力完全失败了。

02

可是在这个时期，那"最大多数人"也不是完全被忽略了。当时也有一班远见的人，眼见国家危亡，必须唤起那最大多数的民众来共同担负这个救国的责任。他们知道民众不能不教育，而中国的古文古字是不配做教育民众的利器的。这时候，基督教的传教士早已在各地造出各种方言字母来拼读各地的土话，并且用土话字母来翻译新约，来传播教义了。日本的骤然强盛，也使中国士大夫注意到日本的小学教育，因此也有人注意到那五十假名的教育功用。西方和东方的两种音标文字的影响，就使中国维新志士渐渐觉悟字母的需要。

最早创造中国拼音字母的人大都是沿海各省和西洋传教士接触最早的人。如厦门卢戆章造的"切音新法"，如福建龙溪蔡锡勇造的"传音快字"，如广东香山王炳耀造的"拼音字谱"，都是这个字母运动的先锋。卢戆章的字母，在戊戌变法的时期，曾由他的同乡京官林辂存运动都察院奏请颁行天下。蔡锡勇和他的儿子蔡璋继续改良他们的"快字"，演成"蔡氏速记术"，开创了中国的速记术。

戊戌变法的一个领袖，直隶宁河县人王照（死于 1933 年），当新政推翻时亡命到日本，庚子乱后他改装偷回中国，隐居在天津，发愿要创造"官话字母”，共六十余母，用两拼之法，“专拼白话”；因“语言必归一致”，故他主张用北京话作标准（以前卢蔡诸家的字母都是方言字母，不曾有专拼官话的计划）。王照是一个很有见识的人，他的主张很有许多地方和后来主张白话文学的人相同。他说：

> 余今奉告当道者：富强治理，在各精其业各扩其职各知其分之齐氓，不在少数之英隽也。朝廷所应注意而急图者宜在此也。茫茫九州，芸芸亿兆，呼之不省，唤之不应，劝导禁令毫无把握，而乃舞文弄墨，袭空论以饰高名，心目中不见细民，妄冀富强之效出于策略之转移焉，苟不当其任，不至其时，不知其术之穷也！（《官话合声字母原序》）

这就是说：富强治理的根本在于那最大多数的齐氓，细民。他在戊戌变法时，也曾“妄冀富强之效出于策略之转移”；但他后来觉悟了，知道“其术之穷”了，所以他冒大险回国，要从教育那“芸芸亿兆”下手。他知道各国教育的普及都靠“文言一致，拼音简便”，所以他发愤要造出一种统一中国语言文字的官话字母。他很明白的说，这种字母是“专拼白话的”。他说：

> 吾国古人造字，以便民用，所命之音必与当时语言无异，此一定之理也。而语言代有变迁，文亦随之。……故以孔子之文较夏殷之文，则改变句法，增添新字，显然大异。可知系就当时俗言肖声而出，著之于简，欲妇孺闻而即晓。凡也，已，焉，乎，等助词为夏殷之书所无者，实不啻今之白话文增入呀，么，哪，咧等字。孔子不避其鄙俚，因圣人之心专以便民为务，无“文”之见存也。后世文人欲借文以饰智警愚，于是以摩古为高，文字不随语言，二者日趋日远，文字既不足当语言之符契，其口音即迁流愈速，……异者不可复同，而同国渐如异域。（同上）

这是最明白的主张“言文一致”，要文字“当语言之符契”，要文字跟着那活的话言变迁。这个主张的逻辑的结论当然是提倡白话文了。

王照很明白一切字母只可以拼白话，决不能拼古文。他的《字语凡例》说：

> 此字母……专拼俗语，肖之即无误矣。今如两人晤谈终日，从未闻有相诘曰："尔所说之晚为早晚之晚耶？为茶碗之碗耶？尔所说之茶为茶叶之茶耶？为查核之查耶？"可知全句皆适肖白话，即无误会也，若用以拼文词，则使读者在在有混淆误解之弊，故万不可用此字母拼文词。（原第十二条）

音标的文字必须是"适肖白话"的文字。所以王照的字母是要用来拼写白话的。后来提倡"读音统一"的人，不懂得这个道理，竟把他们制定的字母叫做"注音字母"，用来做"读音统一"之用，那就是根本违背当年创造官话字母的原意了。

王照的字母运动在当年很得着许多有名的人的同情赞助。天津的严修，桐城派的领袖吴汝纶，北洋大臣袁世凯，两江总督周馥，浙江桐乡的劳乃宣，都是王照的同志。袁世凯在北洋，周馥在南京，都曾提倡字母的传授。劳乃宣是一位"等韵学"的专家，他采用了王照的官话字母，又添制了江宁（南京）音谱，苏州音谱，和闽广音谱，合成《简字全谱》。他在光绪戊申（1908 年）有《进呈简字谱录折》，说：

> 今日欲救中国，非教育普及不可；欲教育普及，非有易识之字不可；欲为易识之字，非用拼音之法不可。

他很乐观的计算：

> 此字传习极易，至多不过数月而可成。以一人授五十人计之，一传而五十人，再传而二千五百人，三传而十二万五千人，四传而六百二十五万人，五传而三万一千二百五十万人。中国四万万人，五六传而可遍。果以国家全力行之，数年之内可以通国无不识字之人。将见山陬海澨，田夫野老，妇人孺子，人人能观书，

人人能阅报。凡人生当明之道义，当知之世务，皆能通晓。彼此意所欲言，皆能以笔札相往复。官府之命令皆能下达而无所舛误；人民之意见皆能上陈而无所壅蔽。明白洞达，薄海大同。(《桐乡劳先生遗稿》卷四)

我们看劳乃宣和王照的议论，可以知道那时候一些先见的人确曾很注意那最大多数的民众。他们要想唤醒那无数“各精其业，各扩其职，各知其分之齐氓”，所以想提倡一种字母给他们做识字求知识的利器。

从庚子乱后到辛亥革命的前夕，这个“官话字母”的运动（也叫做“简字”的运动）逐渐推行，虽然不曾得着满清政府的赞助，却得了社会上一些名流的援助。吴汝纶于光绪二十八年（1902 年）到日本考察教育，看了日本教育普及和语言统一的功效，很受感动。回国后即上书给管学大臣张百熙，极力主张用北京官话“使天下语言一律”。吴汝纶死后（他死在 1903 年），张百熙、张之洞等的《奏定学堂章程》的《学务纲要》里就有“以官音统一天下之语言，故自师范以及高等小学堂，均于国文一科内附入官话一门”的规定。这种规定很有利于官话字母的运动，所以在以后几年之中，官话字母“传习至十三省境，拼音官话书报社……编印之初学修身伦理历史地理地文植物动物外交等拼音官话书，销至六万余部”（据王照《小航文存》卷一，页三二）。到了宣统二年（1910 年）资政院成立时，议员中有劳乃宣、严复、江谦，都是提倡拼音文字的。他们在资政院里提出推行官话简字的议案，审查的结果，决议“谋国语教育，则不得不添造音标文字”，“请议长会同学部具奏，请旨饬下迅速筹备施行”。后来学部把这个议案交中央教育会议讨论：主持教育会议的人如张謇、张元济、傅增湘，也都是赞成这个主张的，所以也通过了一个“统一国语办法案”。但不久武昌革命起来了，清朝倒了，民国成立了。在那个政治大变动之中，王照、劳乃宣诸人努力十年造成的音标文字运动就被当前更浓厚的政治斗争的兴趣笼罩下去，暂时衰歇了（以上的记载，参用黎锦熙的《国语运动小史》，王照的《小航文存》，劳乃宣的《年谱》和《遗稿》）。

民国元年，蔡元培先生建议，请由教育部召集大会，推行拼音字。不久蔡先生辞职走了，董鸿祎代理部务，召集“读音统一会”。民国二年二月十五日，读音统一会开会：吴敬恒先生被选为正会长，王照为副会长。这个会开了三个月，争论很激烈，结果是制定了三十九个字母，——后来称为“注音字母”。字母的形式换了，于是前十年流行的拼音白话书报全不适用了。这副新的注音字母，中间又被搁置了六年，直到民国七年年底，教育部才正式颁布。颁布之后，政府和民间至今没有用这字母来编印拼音的书报。民国十一年，教育部颁布了国语统一筹备会制定的“注音字母书法体式”。民国十五年，国语统一筹备会发表了赵元任、钱玄同、刘复诸先生制定的“国语罗马字”。民国十七年，国民政府的大学院正式公布“国语罗马字拼音法式”，定为“国音字母第二式”。于是国音字母有了两种形式：一为用古字的注音字母，一为国语罗马字。在政府正式决定一种字母定为国音标准字母之前，大规模的编印拼音文字的书籍大概是不会有的事。

我们总括的观察这三十多年的音标文字运动，可以得几条结论。

第一，这三十多年的努力，还不曾得着一种公认为最适用的字母。王照的官话字母确有很多缺点，所以受声韵学者的轻视。注音字母还是承袭了王照的方法的缺点，虽然添了三个介音，可以“三拼”了，然而带鼻音韵尾的字还是沿用王照的老法子，没有把音素个别的分析出来。国语罗马字当然是一大进步，因为它在形式上采取了全国中学生都能认识的罗马字母，又在审音方面打破了两拼三拼的限制，使字母之数大减，而标音也更正确。国语罗马字的将来争点也许还在“声调”的标志问题。国语罗马字若抛弃了“声调”的标志，当然是最简易的字母。声调的标志，既然不完全根据于音理的自然，恐怕有“治丝而益棼之”的危险。依我们门外汉的看法，倒不如爽性不标声调，使现在的音标文字做将来废除四声的先锋，岂不更好？——这种评论已是题外的话了。总而言之，标准字母的不曾决定，阻碍了这三十多年的音标文字教育的进行。这是音标文字运动失败的一个根本原因。

第二，音标文字是必须替代汉字的，而那个时期（尤其是那个时期的前半期）主张音标文字的人都还不敢明目张胆的提倡用拼音文字来替代汉字。这完全是时代的关系，我们不能过于责备他们。汉文的权威太大了，太尊严了，那时最大胆的人也不敢公然主张废汉字，——其实他们就根本没有想到汉字是应该废的。最大胆的王照也得说：

> 今余私制此字母，纯为多数愚稚便利之计，非敢用之于读书临

> 文。(《字母原序》)

劳乃宣说的更明白了：

> 中国六书之旨，广大精微，万古不能磨灭。简字（即字母）仅足为粗浅之用，其精深之义仍非用汉文不可。简字之于汉文，但能并行不悖，断不能稍有所妨。(《进呈简字谱录折》)

又说：

> 今请于简易识字学塾内附设此科。本塾正课仍以用学部课本教授汉字为主。简字仅为附属之科，专为不能识汉字者而设，与汉字正课并行不悖，两不相妨。盖资质不足以识千余汉字之人，本无识字之望，今令识此十数简字以代识字之用，乃增于能识汉字者之外，非分于能识汉字者之中也。(《请附设简字一科折》)

这样极端推崇汉字的人，他们提倡拼音文字，只是要为汉字添一种辅助工具，不是要革汉字的命。因为如此，所以桐城古文大家如吴汝纶、严复也可以赞成音标文字。吴汝纶游日本时，一面很钦羡日本的五十假名有统一语言的功用，一面却对日本学者说：

> 若文字之学，则中国故特胜，万国莫有能逮及之者！（《高田忠周古籀篇序》）

劳乃宣最能说明这种“两面心理”，他说：

> 字之为用，所以存其言之迹焉尔。……其体之繁简难易，……各有所宜。欲其高深渊雅，则不厌繁难；取其便利敏捷，则必求简易。(《中国速记字谱序》)

这种心理的基础观念是把社会分作两个阶级，一边是“我们”士大夫，一边是“他们”齐氓细民。“我们”是天生聪明睿智的，所以不妨用二三十年窗下苦功去学那“万国莫有能逮及之”的汉字汉文。“他们”是愚蠢的，是“资质不足以识千余汉字之人”，所以我们必须给他们一种求点知识的简易法门。“我们”不厌繁难，而“他们”必求简易。在这种心理状态之下，汉文汉字的尊严丝毫没有受打击，拼音文字不过是士大夫丢给老百姓的一点恩物，决没有代替汉文的希望。士大夫一面埋头学做那死文字，一面提倡拼音文字，是不会有多大热心的。老百姓也不会甘心学那士大夫不屑学的拼音文字，因为老百姓也曾相信“将相本无种，男儿当自强”的宗教，如果他们要子弟读书识字，当然要他们能做八股，应科举，做状元宰相；他们决不会自居于“资质不足以识千余汉字”的阶级！所以提倡字母文字而没有废除汉字的决心，是不会成功的。这是音标文字运动失败的又一个根本原因。

第三，音标文字只可以用来写老百姓的活语言，而不能用来写士大夫的死文字。换句话说，拼音文字必须用“白话”做底子，拼音文学运动必须同时是白话文学运动。提倡拼音文字而不同时提倡白话文，是单有符号而无内容，那是必定失败的。王照最明白这一点，所以他再三说他的字母是“专拼俗话”的，“万不可用此字母拼文词”。王照很明白的说，他的字母运动必须是一个“白话教育”的运动。但民国成立以来，政客官僚多从文士阶级出身，他们大都不感觉白话文的好处，也不感觉汉文的难学；至于当权的武人，他们虽然往往不认得几担大字，却因此最迷信汉文汉字，往往喜欢写大字，做歪诗。所以到了革命以后，大家反不重视那最大多数人的教育工具了！这班政客武人的心里好像这样想：我们不靠老百姓的力量，也居然可以革命，可见普及教育并不是必要的了！在革命的前夕，我们还看见教育家江谦在他的“小学教育改良刍议”里说：“初等小学前三年，非主用合声简字国语，则教育断无普及之望。”这是很大胆的喊声。“合声简字国语”即是用字母拼音的白话文。但革命之后，这种喊声反而销沉了。民国二年的“读音统一会”是一个文人学者的会议，他们大都是舍不得抛弃汉文汉字的；当时政府的领袖也不是重视民众教育的。据王照的记载：

蔡孑民原意专为白话教育计，绝非为读古书注音。……而……

> 开会宗旨规程，……先定会名曰“读音统一”。读音云者，读旧书之音注也。既为读旧书之音注，自不得违音韵学家所命之字音，则多数人通用之语言自然被摒矣。……
>
> 正式开会之日，吴某（吴敬恒先生）登台演说，标出读书注音一大题目，于白话教育之义一字不提。……余（王照）登台演说造新字母原以拼白话为紧要主义，听者漠不为动，盖以其与会名不合，疑为题外之文也。(《书摘录官话字母原书各篇后》)

从拼官话的字母，退缩到读书注音的字母，这是绝大的退步。何况那注音的字母又还被教育部委托的学者搁置到六年之久方才公布呢？在那六年之中，北京有一班学者组织了一个国语研究会，成立于民国五年。他们注意之点是统一国语的问题，比那“读音统一”似乎进一步了；但他们的学者气味太重，他们不知道国语的统一决不是靠一两部读音字典做到的，所以他们的研究工作偏向于字母的形体，六千多汉字的注音，国音字典的编纂等项，这都是汉字注音的工作。他们完全忽略了“国语”是一种活的语言；他们不知道“统一国语”是承认一种活的语言，用它做教育与文学的工具，使全国的人渐渐都能用它说话、读书、作文。他们忽略了那活的语言，所以他们的国语统一工作只是汉字注音的工作，和国语统一无干，和白话教育也无干。这是那个音标文字运动失败的又一个根本原因。

03

以上两大段说的是文学革命的历史背景。这个背景有不相关连的两幕：一幕是士大夫阶级努力想用古文来应付一个新时代的需要，一幕是士大夫之中的明白人想创造一种拼音文字来教育那“芸芸亿兆”的老百姓。这两个潮流始终合不拢来。士大夫始终迷恋着古文字的残骸，“以为宇宙古今之至美，无可以易吾文者”（用王树枏《故旧文存》自序中语）。但他们又哀怜老百姓无知无识，资质太笨，不配学那“宇宙古今之至美”的古文，所以他们想用一种“便民文字”来教育小孩子，来“开通”老百姓。他们把整个社会分成两个阶级了：上等人认汉字，念八股，做古文；下等人认字母，读拼音文字的书报。当然这两个潮流始终合不拢来了。

他们全不了解，教育工具是彻上彻下，贯通整个社会的。小孩子学一种文字，是为他们长大时用的；他们若知道社会的“上等人”全瞧不起那种文字，全不用那种文字来著书立说，也不用那种文字来求功名富贵，他们决不肯去学，他们学了就永远走不进“上等”社会了！

一个国家的教育工具只可有一种，不可有两种。如果汉文汉字不配做教育工具，我们就应该下决心去废掉汉文汉字。如果教育工具必须是一种拼音文字，那么，全国上上下下必须一律采用这种拼音文字。如果拼音文字只能拼读白话文，那么，全国上上下下必须一律采用白话文。

那时候的中国知识分子是被困在重重矛盾之中的：

（一）他们明知汉文汉字太繁难，不配作教育的工具，可是他们总不敢说汉文汉字应该废除。

（二）他们明知白话文可以作“开通民智”的工具，可是他们自己总瞧不起白话文，总想白话文只可用于无知百姓，而不可用于上流社会。

（三）他们明白音标文字是最有效的教育工具，可是他们总不信这种音标文字是应该用来替代汉文汉字的。

这种种矛盾都由于缺乏一个自觉的文学革命运动。当时缺乏三种自觉的革命见解：

第一，那种所谓“宇宙古今之至美”的古文学是一种僵死了的残骸，不值得我们的迷恋。

第二，那种所谓“引车卖浆之徒”的俗话是有文学价值的活语言，是能够产生有价值有生命的文学的，并且早已产生出无数人人爱读的文学杰作来了。

第三，因为上面的两层理由，我们必须推倒那僵死的古文学，建立那有生命有价值的白话文学。

只有这些革命的见解可以解决上述的重重矛盾。打破了那“宇宙古今之至美”的迷梦，汉文的尊严和权威自然倒下来了。承认了那“引车卖浆之徒”的文学是中国正宗，白话文自然不会受社会的轻视了。有了活的白话文学的作品做底子，如果我们还要进一步提倡音标文字，那个音标文字运动成功的可能性就大得多了。

民国五、六年起来的中国文学革命运动，正是要供给这个时代所缺乏的几个根本见解。

我在《逼上梁山》一篇自述里，很忠实的记载了这个文学革命运动怎样“偶然”在国外发难的历史。我的朋友陈独秀先生曾说：

> 常有人说，白话文的局面是胡适之陈独秀一班人闹出来的。其实这是我们的不虞之誉。中国近来产业发达，人口集中，白话文完全是应这个需要而发生而存在的。适之等若在三十年前提倡白话文，只需章行严一篇文章便驳得烟消灰灭。此时章行严的崇论宏议有谁肯听？（《科学与人生观序》）

独秀这番议论是站在他的经济史观立场说的。我的《逼上梁山》一篇，虽然不是答复他的，至少可以说明历史事实的解释不是那么简单的，不是一个“最后之因”就可以解释了的。即如一千一百年前的临济和尚、德山和尚的徒弟们，在他们的禅林里听讲，忽然不用古文，而用一种生辣痛快的白话文来记载他们老师的生辣痛快的说话，就开创了白话散文的“语录体”。这件史实和“产业发达，人口集中”有什么相干！白话文产生了无数的文学杰作之后，忽然出了一个李梦阳，又出了一个何景明，他们提倡文学复古，散文回到秦汉，诗回到盛唐，居然也可以轰动一时，成为风气。后来方苞、姚鼐、曾国藩诸人出来，奠定桐城派古文的权威，也一样的轰动一时，成为风气。这些史实，难道都和产业的发达不发达，人口的集中不集中，有什么因果的关系！文学史上的变迁，“代有升降，而决不相沿，各极其变，各穷其趣”（用袁宏道的话），其中各有多元的，个别的，个人传记的原因，都不能用一个“最后之因”去解释说明。

中国白话文学的运动当然不完全是我们几个人闹出来的，因为这里的因子是很复杂的。我们至少可以指出这些最重要的因子：第一是我们有了一千多年的白话文学作品；禅门语录，理学语录，白话诗词曲子，白话小说。若不靠这一千多年的白话文学作品把白话写定了，白话文学的提倡必定和提倡拼音文字一样的困难，决不能几年之内风行全国。第二是我们的老祖宗在两千年之中，渐渐的把一种大同小异的“官话”推行到了全国的绝大部分：从满洲里直到云南，从河套直到桂林，从丹阳直到川边，全是官话区域。若没有这一大块地盘的人民全说官话，我们的“国语”问题就无从下手了。第三是我们的海禁开了，和世界文化接触了，有了参考比较的资料，尤其是欧洲近代国家的国语文学次第产生的历史，使我们明了我们自己的国语文学的历史，使我们放胆主张建立我们自己的文学革命。——这些都是超越个人的根本因素，都不是我们几个人可以操纵的，也不是“产业发达，人口集中”一个公式可以包括的。

此外，还有几十年的政治的原因。第一是科举制度的废除（1905 年）。八股废了，试帖诗废了；策论又跟着八股试帖废了，那笼罩全国文人心理的科举制度现在不能再替古文学做无敌的保障了。第二是满清帝室的颠覆，专制政治的根本推翻，中华民国的成立（1911—1912）。这个政治大革命虽然不算大成功，然而它是后来种种革新事业的总出发点，因为那个顽固腐败势力的大本营若不颠覆，一切新人物与新思想都不容易出头。戊戌（1898 年）的百日维新，当不起一个顽固老太婆的一道谕旨，就全盘推翻了。独秀说：

> 适之等若在三十年前提倡白话文，只需章行严一篇文章便驳得烟消灰灭。

这话是很有理的。我们若在满清时代主张打倒古文，采用白话文，只需一位御史的弹本就可以封报馆捉拿人了。但这全是政治的势力，和“产业发达，人口集中”无干。当我们在民国时代提倡白话文的时候，林纾的几篇文章并不曾使我们烟消灰灭，然而徐树铮和安福部的政治势力却一样能封报馆捉人。今日的“产业发达，人口集中”岂不远过民国初元了？然而一两个私人的政治势力也往往一样可以阻碍白话文的推行发展。幸而帝制推倒以后，顽固的势力已不能集中作威福了，白话文运动虽然时时受点障害，究竟还不到“烟消灰灭”的地步。这是我们不能不归功到政治革命的先烈的。

至于我们几个发难的人，我们也不用太妄自菲薄，把一切都归到那“最后之因”。陆象山说得最好：

> 且道天地间有个朱元晦陆子静，便添得些子。无了后便减得些子。

白话文的局面，若没有“胡适之陈独秀一班人”，至少也得迟出现二三十年。这是我们可以自信的。《逼上梁山》一篇是要用我保存的一些史料来记载一个思想产生的历史。这个思想不是“产业发达，人口集中”产生出来的，是许多个别的，个人传记所独有的原因合拢来烘逼出来的。从清华留美学生监督处一位书记先生的一张传单，到凯约嘉湖上一只小船的打翻；从进化论和实验主义的哲学，到一个朋友的一首打油诗；从但丁（Dante）、却叟（Chaucer）、马丁·路德（Martin Luther）诸人的建立意大利英吉利德意志的国语文学，到我儿童时代偷读的《水浒传》、《西游记》、《红楼梦》：——这种种因子都是独一的，个别的；他们合拢来，逼出我的“文学革命”的主张来。我想，如果独秀肯写他的自传，他的思想转变的因素也必定有同样的复杂，也必定不是经济史观包括得了的。治历史的人应该向这种传记材料里去寻求那多元的，个别的因素，而不应该走偷懒的路，妄想用一个“最后之因”来解释一切的历史事实。无论你抬出来的“最后之因”是“神”，是“性”，是“心灵”，或是“生产方式”，都可以解释一切历史：但是，正因为个个“最后之因”都可以解释一切历史，所以都不能解释任何历史了！等到你祭起了你那“最后之因”的法宝解决一切历史之后，你还得解释“同在这个‘最后之因’之下，陈独秀为什么和林琴南不同？胡适为什么和梅光迪、胡先骕不同？”如果你的“最后之因”可以解释胡适，同时又可以解释胡先骕，那岂不是同因而不同果，你的“因”就不成真因了。所以凡可以解释一切历史的“最后之因”，都是历史学者认为最无用的玩意儿，因为他们其实都不能解释什么具体的历史事实。

04

现在我们可以叙述中国新文学运动的理论了。

简单说来，我们的中心理论只有两个：一个是我们要建立一种“活的文学”，一个是我们要建立一种“人的文学”。前一个理论是文字工具的革新，后一种是文学内容的革新。中国新文学运动的一切理论都可以包括在这两个中心思想的里面。

我最初提出的“八事”，和独秀提出的“三大主义”，都顾到形式和内容的两方面。我提到“言之有物”，“不摹仿古人”，“不作无病之呻吟”，都是文学内容的问题。独秀提出的三大主义——推倒贵族文学，建设国民文学；推倒古典文学，建设写实文学；推倒山林文学，建设社会文学，——也不曾把内容和形式分开。钱玄同先生响应我们的第一封信也不曾把这两方面分开。但我们在国外讨论的结果，早已使我们认清这回作战的单纯目标只有一个，就是用白话来作一切文学的工具。我在 1916 年 7 月，就有了这几条结论：

> 今日之文言乃是一种半死的文字，今日之白话是一种活的语言。白话不但不鄙俗，而且甚优美适用。白话并非文言之退化，乃是文言之进化。白话可以产生第一流文学，已产生小说、戏剧、语录、诗词，此四者皆有史事可证。白话的文学为中国千年来仅有之文学；其非白话文学，皆不足与于第一流文学之列。

所以我的总结论是：

> 今日所需乃是一种可读，可听，可歌，可讲，可记的言语。要读书不须口译，演说不须笔译，要施诸讲坛舞台而皆可，诵之村妪妇孺皆可懂。不如此者，非活的言语也，决不能成为吾国之国语也，决不能产生第一流的文学也。（看《逼上梁山》第四节）

所以我的《文学改良刍议》的最后一条就是提出这个主张：

> ……以今世历史进化的眼光观之，则白话文学之为中国文学之正宗，又为将来文学必用之利器，可断言也。
>
> 以此之故，吾主张今日作文作诗宜采用俗语俗字。与其用三千年前之死字，不如用二十世纪之活字；与其用不能行远不能普及之秦汉六朝文字，不如作家喻户晓之《水浒》、《西游》文字也。

这个“白话文学工具”的主张，是我们几个青年学生在美洲讨论了一年多的新发明，是向来论文学的人不曾自觉的主张的。凡向来旧文学的一切弊病，——如骈偶，如用典，如烂调套语，如摹仿古人，——都可以用这一个新工具扫的干干净净。独秀指出旧文学该推倒的种种的毛病，——雕琢，阿谀，陈腐，铺张，迂晦，艰涩，——也都可以用这一把斧头砍的干干净净。例如我们那时谈到“不用典”一项，我们自己费了大劲，说来说去总说不圆满；后来玄同指出用白话可以“驱除用典”了，正是一针见血的话。

所以文学革命的作战方略，简单说来，只有“用白话作文作诗”一条是最基本的。这一条中心理论，有两个方面：一面要推倒旧文学，一面要建立白话为一切文学的工具。在那破坏的方面，我们当时采用的作战方法是“历史进化的文学观”，就是说：

> 文学者，随时代而变迁者也。一时代有一时代之文学，……各因时势风会而变，各有其特长。……唐人不当作商周之诗，宋人不当作相如子云之赋，即令作之，亦必不工。逆天背时，故不能工也。……今日之中国，当造今日之文学。(《文学改良刍议》二)

后来我在《历史的文学观念论》里，又详细说明这个见解。这种思想固然是达尔文以来进化论的影响，但中国文人也曾有很明白的主张文学随时代变迁的。最早倡此说的是明朝晚期公安袁氏三弟兄（看袁宗道的《论文上下》；袁宏道的《雪涛阁集序》,《小修诗序》；袁中道的《花雪赋行》,《宋元诗序》。诸篇均见沈启无编的《近代散文抄》，北平人文书店出版）。清朝乾隆时代的诗人袁枚、赵翼也都有这种见解，大概都颇受了三袁的思想的影响。我当时不曾读袁中郎弟兄的集子；但很爱读《随园集》中讨论诗的变迁的文章。我总觉得，袁枚虽然明白了每一时代应有那个时代的文学，他的历史眼光还不能使他明白他们那个时代的文学正宗已不是他们做古文古诗的人，而是他们同时代的吴敬梓、曹雪芹了。

我们要用这个历史的文学观来做打倒古文学的武器，所以屡次指出古今文学变迁的趋势，无论在散文或韵文方面，都是走向白话文学的大路。

> 夫白话之文学，不足以取富贵，不足以邀声誉，不列于文学之正宗，而卒不能废绝者，岂无故耶？岂不以此为吾文学趋势自然如

此，故不可禁遏而日以昌大耶？愚以深信此理，故又以为今日之文学当以白话文学为正宗。(《历史的文学观念论》)

从文学史的趋势上承认白话文学为“正宗”。这就是正式否认骈文古文律诗古诗是“正宗”。这是推翻向来的正统，重新建立中国文学史上的正统。所以我说：

然则吾辈又何必攻古文家乎？吾辈主张“历史的文学观念”，而古文家则反对此观念也。吾辈以为今人当造今人之文学，而古文家则以为今人作文必法马、班、韩、柳，其不法马、班、韩、柳者非文学之“正宗”也。吾辈之攻古文家，正以其不明文学之趋势而强欲作一千年二千年以上之古文。此说不破，则白话之文学无有列为文学正宗之一日，而世之文人将犹鄙薄之以为小道邪径而不肯以全力经营造作之。如是，则吾国将永无以全副精神实地试验白话文学之日。夫不以全副精神造文学而望文学之发生，此犹不耕而求获，不食而求饱也，亦终不可得矣。施耐庵、曹雪芹诸人所以能有成者，正赖其有特别胆力，能以全力为之耳。(同上)

我们特别指出白话文学是中国文学史上的“自然趋势”，是不够打倒死文学的权威的，必须还有一种自觉的，有意的主张，方才能够做到文学革命的效果。欧洲近代国语文学的起来，都有这种自觉的主张，所以收效最快。中国有了一千多年的白话文学，只因为无人敢公然主张用白话文学来替代古文学，所以白话文学始终只是民间的“俗文学”，不登大雅之堂，不能取死文学而代之。我们再三指出这个文学史的自然趋势，是要利用这个自然趋势所产生的活文学来正式替代古文学的正统地位。简单说来，这是用谁都不能否认的历史事实来做文学革命的武器。

我特别注重这个历史的看法，这固然是我个人的历史癖，但在当时这种新的文学史见解不但是需要的，并且是最有效的武器。国内一班学者文人并非不熟中国历史上的重要事实，他们所缺乏的只是一种新的看法。譬如孔子，旧看法是把他看作“德侔天地，道冠古今”的大圣人，新看法是把他看作许多哲人里面的一个。把孔子排在老子、墨子一班人之中，用百家平等的眼光去评量他们的长短得失，我们就当然不会过分的崇拜迷信孔子了。文学史也是一样的。旧日讲文学史的人，只看见了那死文学的一线相承，全不看见那死文学的同时还有一条“活文学”的路线。他们只看见韩愈、柳宗元，却不知道韩、柳同时还有几个伟大的和尚正在那儿用生辣痛快的白话来讲学。他们只看见许衡、姚燧、虞集、欧阳玄，却不知道许衡、姚燧、虞集、欧阳玄同时还有关汉卿、马东篱、贯酸斋等等无数的天才正在那儿用漂亮朴素的白话来唱小曲，编杂剧。他们只看见了李梦阳、何景明、王世贞，至多只看见了公安、竟陵的偏锋文学，他们却看不见何、李、袁、谭诸人同时还有无数的天才正在那儿用生动美丽的白话来创作《水浒传》《金瓶梅》《西游记》和《三言》《二拍》的短篇小说，《擘破玉》《打枣竿》《挂枝儿》的小曲子。他们只看见了方苞、姚鼐、恽敬、张惠言、曾国藩、吴汝纶，他们全不看见方、姚、曾、吴同时还有更伟大的天才正在那儿用流利深刻的白话来创作《醒世姻缘》《儒林外史》《红楼梦》《镜花缘》《海上花列传》。我们在那时候所提出的新的文学史观，正是要给全国读文学史的人们戴上一副新的眼镜，使他们忽然看见那平时看不见的琼楼玉宇，奇葩瑶草，使他们忽然惊叹天地之大，历史之全！大家戴了新眼镜去重看中国文学史，拿《水浒传》《金瓶梅》来比当时的正统文学，当然不但何、李的假古董不值得一笑，就是公安、竟陵也都成了扭扭捏捏的小家子了！拿《儒林外史》《红楼梦》来比方、姚、曾、吴，也当然再不会发那“举天下之美，无以易乎桐城姚氏者也”的伧陋见解了！所以那历史进化的文学观，初看去好像貌不惊人，其实是一种“哥白尼的天文革命”：哥白尼用太阳中心说代替了地中心说，此话一出就使天地易位，宇宙变色；历史进化的文学观用白话正统代替了古文正统，就使那“宇宙古今之至美”从那七层宝座上倒栽下来，变成了“选学妖孽，桐城谬种”！（这两个名词是玄同创的。）从“正宗”变成了“谬种”，从“宇宙古今之至美”变成了“妖魔”“妖孽”，这是我们的“哥白尼革命”。

在建设的方面，我们主张要把白话建立为一切文学的唯一工具。所以我回国之后，决心把一切枝叶的主张全抛开，只认定这一个中心的文学工具革命论是我们作战的“四十二生的大炮”。这时候，蔡元培先生介绍北京国语研究会的一班学者和我们北大的几个文学革命论者会谈。他们都是抱着“统一国语”的弘愿的，所以他们主张要先建立一种“标准国语”。我对他们说：标准国语不是靠国音字母或国音字典定出来的。凡标准国语必须是“文学的国语”，就是那有文学价值的国语。国语的标准是伟大的文学家定出来的，决不是教育部的公文定得出来的。国语有了文学价值，自然受文人学士的欣赏使用，然后可以用来做教育的工具，然后可以用来做统一全国语言的工具。所以我主张，不要管标准的有无，先从白话文学下手，先用白话来努力创造有价值有生命的文学。

所以我在民国七年四月发表《建设的文学革命论》，把文学革命的目标化零为整，归结到“国语的文学，文学的国语”十个大字：

> 我们所提的文学革命，只是要替中国创造一种国语的文学。有了国语的文学，方才可以有文学的国语。有了文学的国语，我们的国语才可算得真正国语。国语没有文学，便没有价值，便不能成立，便不能发达。

这是《建设的文学革命论》的大旨。这时候，我们一班朋友聚在一处，独秀、玄同、半农诸人都和我站在一条线上，我们的自信心更强了。独秀早已宣言：

> 改良中国文学，当以白话为文学正宗之说，其是非甚明，必不容反对者有讨论之余地，必以吾辈所主张为绝对之是，而不容他人之匡正也。（六年五月）

玄同也极端赞成这几句话。他说：

> 此等论调虽若过悍，然对于迂谬不化之选学妖孽与桐城谬种，实不能不以如此严厉面目加之。（六年七月二日寄胡适书）

我受了他们的“悍”化，也更自信了。在那篇文里，我也武断的说：

> 这二千年的文人所做的文学都是死的，都是用已经死了的语言

> 文字做的。死文字决不能产出活文学。所以中国这二千年只有些死文学，只有些没有价值的死文学。……中国若想有活文学，必须用白话，必须用国语，必须做国语的文学。

在下文我提出“文学的国语”的问题。

> 我们提倡新文学的人，尽可不必问今日中国有无标准国语，我们尽可努力去做白话的文学。我们可尽量采用《水浒》、《西游记》、《儒林外史》、《红楼梦》的白话；有不合今日的用的，便不用他；有不够用的，便用今日的白话来补助；有不得不用文言的，便用文言来补助。这样做去，决不愁语言文字不够用，也决不愁没有标准国语。中国将来的新文学用的白话，就是将来中国的标准国语。造中国将来白话文学的人，就是制定标准国语的人。

我的家乡土话是离官话很远的；我在学校里学得的上海话也不在官话系统之内。我十六七岁时在《竞业旬报》上写了不少的白话文，那时我刚学四川话。我写的白话差不多全是从看小说得来的。我的经验告诉我：《水浒》《红楼》《西游》《儒林外史》一类的小说早已给了我们许多白话教本，我们可以从这些小说里学到写白话文的技能。所以我大胆的劝大家不必迟疑，尽量的采用那些小说的白话来写白话文。其实那个时代写白话诗文的许多新作家，没有一个不是从旧小说里学来的白话做起点的。那些小说是我们的白话老师，是我们的国语模范文，是我们的国语“无师自通”速成学校。

直到《新潮》出版之后，傅斯年先生在他的《怎样做白话文》里，才提出两条最重要的修正案。他主张：第一，白话文必需根据我们说的活语言，必须先讲究说话。话说好了，自然能做好白话文。第二，白话文必不能避免“欧化”，只有欧化的白话方才能够应付新时代的新需要。欧化的白话文就是充分吸收西洋语言的细密的结构，使我们的文字能够传达复杂的思想，曲折的理论。傅先生提出的两点，都是最中肯的修正。旧小说的白话实在太简单了，在实际应用上，大家早已感觉有改变的必要了。初期的白话作家，有些是受过西洋语言文字的训练的，他们的作风早已带有不少的“欧化”成分。虽然欧化的程度有多少的不同，技术也有巧拙的不同，但明眼的人都能看出，凡具有充分吸收西洋文学的法度的技巧的作家，他们的成绩往往特别好，他们的作风往往特别可爱。所以欧化白话文的趋势可以说是在白话文学的初期已开始了。傅先生的另一个主张，——从说话里学作白话文，——在那个时期还不曾引起一般作家的注意。中国文人大都是不讲究说话的，况且有许多作家生在官话区域以外，说官话多不如他们写白话的流利。所以这个主张言之甚易，而实行甚难。直到最近时期，才有一些作家能够忠实的描摹活的语言的腔调神气，有时还能充分采纳各地的土话。近年小说最能表示这个趋势。近年白话文学的倾向是一面大胆的欧化，一面又大胆的方言化，就使白话文更丰富了。傅先生指出的两个方向，可以说是都开始实现了。

我们当时抬出“国语的文学，文学的国语”的作战口号，做到了两件事：一是把当日那半死不活的国语运动救活了；一是把“白话文学”正名为“国语文学”，也减少了一般人对于“俗语”“俚语”的厌恶轻视的成见。

我们在前一章已说过，民元以后的音标文字运动变成了读音注音的运动，变成了纸上的读音统一运动。他们虽然也有小学国文教科书改用国语的议论，但古文学的权威未倒，白话文学的价值未得一般文人的承认，他们的议论是和前一期的拼音文字运动同样的无力量的。士大夫自己若不肯用拼音文字，我们就不能用拼音文字教儿童和老百姓；士大夫自己若不肯做白话文，我们也不配用白话教儿童和老百姓。我们深信：若要把白话变成教育的工具，我们必须先把白话认作最有价值最有生命的文学工具。所以我们不管那班国语先生们的注音工作和字典工作，我们只努力提倡白话的文学，国语的文学。国语先生们到如今还不能决定国语应该用“京音”（北平语）作标准，还是用“国音”（读音统一会公决的国音）作标准。他们争了许久，才决定用“北平曾受中等教育的人的口语”为国语标准。但是我们提倡国语文学的人，从来不发生这种争执。《红楼梦》《儿女英雄传》的北京话固然是好白话，《儒林外史》和《老残游记》的中部官话也是好白话。甚至于《海上花列传》的用官话叙述，用苏州话对白，我们也承认是很好的白话文学。甚至于欧化的白话，只要有艺术的经营，我们都承认是正当的白话文学。这二十年的白话文学运动的进展，把“国语”变丰富了，变新鲜了，扩大了，加浓了，更深刻了。

我在那时曾提出一个历史的“国语”定义。我说：

> 我们如果考察欧洲近世各国国语的历史，我们应该知道没有一种国语是先定了标准才发生的；没有一国不是先有了国语然后有所谓标准的。
>
> 凡是国语的发生，必是先有了一种方言比较的通行最远，比较的产生了最多的活文学，可以采作国语的中坚分子；这个中坚分子的方言，逐渐推行出去，随时吸收各地方言的特别贡献，同时便逐渐变换各地的土话；这便是国语的成立。有了国语，有了国语的文学，然后有些学者起来研究这种国语的文法，发音法等等；然后有字典，词典，文典，言语学等等出来；这才是国语标准的成立。(《国语讲习所同学录序》，九年五月)

国语必须是一种具有双重资格的方言：第一须流行最广，第二已产生了有价值的文学。流行最广，所以了解的人多；已产生了文学，所以有写定的符号可用。一般人似乎不很明白这二个条件的重要。我们试看古白话的文件，“什么”或作“是没”，或作“是勿”；“这个”或作“者个”，或作“遮个”；“呢”字古人写作“聻”字；“们”字古写作“懑”字、“每”字。自从几部大小说出来之后，这些符号才渐渐统一了。文字符号写定之后，语言的教学才容易进行。所以一种方言必须具有那两重条件，方才有候补国语的资格：

> 我们现在提倡的国语，也有一个中坚分子，就是那从东二省到四川、云南、贵州，从长城到长江流域，最通行的一种大同小异的普通话。这种普通话在这七八百年中已产生了一些有价值的文学，已成了通俗文学——从《水浒传》《西游记》直到《老残游记》——的利器。它的势力，借着小说和戏剧的力量，加上官场和商人的需要，早已侵入那些在国语区域以外的许多的地方了。现在把这种已很通行又已产生文学的普通话认为国语，推行出去，使它们成为全国学校教科书的用语，使它成为全国报纸杂志的文学，使它成为现代和将来的文学用语：这是建立国语的唯一方法。(同上)

这是我们在建立国语方面的中心理论。

总而言之，我们所谓“活的文学”的理论，在破坏方面只是说“死文字决不能产生活文学”，只是要用一种新的文学史观来打倒古文学的正统而建立白话文学为中国文学的正宗；在建设方面只是要用那向来被文人轻视的白话来做一切文学的唯一工具，要承认那流行最广而又产生了许多第一流文学作品的白话是有“文学的国语”的资格的，可以用来创造中国现在和将来的新文学，并且要用那“国语的文学”来做统一全民族的语言的唯一工具。

至今还有一班人信口批评当日的文学革命运动，嘲笑它只是一种“文字形式”的改革。对于这班人的批评，我在十六年前早已给他们留下答复了，那时候我说：

> 近来稍稍明白事理的人，都觉得中国文学有改革的必要。即如我的朋友任叔永他也说：“乌乎！适之！吾人今日言文学革命，乃诚见今日文学有不可不改革之处，非特文言白话之争而已。”甚至于南社的柳亚子也要高谈文学革命。但是他们的文学革命论只提出一种空荡荡的目的，不能有一种具体进行的计划。他们都说文学革命决不是形式上的革命，决不是文言白话的问题。等到有人问他们究竟他们所主张的革命“大道”是什么，他们可回答不出了。这种没有具体计划的革命，——无论是政治的是文学的——决不能发生什么效果。我们认定文字是文学的基础，故文学革命的第一步就是文字问题的解决。我们认定“死文字定不能产生活文学”，故我们主张若要造一种活的文学，必须用白话来做文学的工具。我们也知道单有白话未必就能造出新文学：我们也知道新文学必须要有新思想做里子。但是我们认定文学革命须有先后的程序：先要做到文字体裁的大解放，方才可以用来做新思想新精神的运输品。我们认定白话实在有文学的可能，实在是新文学的唯一利器。（《尝试集》自序，八年八月）

我在十六年前也曾给他们留下更明白的答复：

> 文学革命的运动，不论古今中外，大概都是从“文的形式”一

方面下手，大概都是先要求语言文字文体等方面的大解放。欧洲三百年前各国的国语文学起来替代拉丁文学时，是语言文字的大解放；十八十九世纪法国嚣俄、英国华茨活等人所提倡的文学改革，是诗的语言文字的解放。……这一次中国文学的革命运动，也是先要求语言文字和文体的解放。新文学的语言是白话的，新文学的文体是自由的，是不拘格律的。初看起来，这都是"文的形式"一方面的问题，算不得重要。却不知道形式和内容有密切的关系。形式上的束缚，使精神不能有自由发展，使良好的内容不能充分表现。若想有一种新内容和新精神，不能不先打破那些束缚精神的枷锁镣铐。(《谈新诗》，八年十月)

现在那些说俏皮话的"文学革命家"为什么不回到二十年前的骈文古文里去寻求他们的革命"大道"呢？

05

现在要说说中国新文学运动的第二个作战口号："人的文学"。

我在上文已说过，我们开始也曾顾到文学的内容的改革。例如玄同先生和我讨论中国小说的长信，就是文学内容革新的讨论。但当那个时期，我们还没有法子谈到新文学应该有怎样的内容。世界的新文艺都还没有踏进中国的大门里，社会上所有的西洋文学作品不过是林纾翻译的一些十九世纪前期的作品，其中最高的思想不过是迭更司的几部社会小说；至于代表十九世纪后期的革新思想的作品都是国内人士所不曾梦见。所以在那个贫乏的时期，我们实在不配谈文学内容的革新，因为文学内容是不能悬空谈的，悬空谈了也决不会发生有力的影响。例如我在《文学改良刍议》里曾说文学必须有"高远之思想，真挚之情感"，那就是悬空谈文学内容了。

民国七年一月《新青年》复活之后，我们决心做两件事：一是不作古文，专用白话作文；一是翻译西洋近代和现代的文学名著。那一年的六月里，《新青年》出了一本"易卜生专号"，登出我和罗家伦先生合译的《娜拉》全本剧本，和陶履恭先生译的《国民之敌》剧本。这是我们第一次介绍西洋近代一个最有力量的文学家，所以我写了一篇《易卜生主义》。在那篇文章里，我借易卜生的话来介绍当时我们新青年社的一班人公同信仰的“健全的个人主义”。易卜生说：

> 我所最期望于你的是一种真正纯粹的为我主义，要使你有时觉得天下只有关于你的事最要紧，其余的都算不得什么。
>
> ……你要想有益于社会，最好的法子莫如把你自己这块材料铸造成器。……有时候，我真觉得全世界都像海上撞沉了的船，最要紧的还是救出自己。

娜拉抛弃了他的丈夫儿女，深夜出门走了，为的是他相信自己“是一个人”，他有对他自己应尽的神圣责任：“无论如何，我务必努力做一个人！”《国民之敌》剧本里的主人翁斯铎曼医生宁可叫全体市民给他加上“国民之敌”的徽号，而不肯不说老实话，不肯不宣扬他所认得的真理。他最后宣言道：“世上最强有力的人就是那最孤立的人！”这样特立独行的人格就是易卜生要宣传的“真正纯粹的个人主义”。

次年（七年）12月里，《新青年》（五卷六号）发表周作人先生的《人的文学》。这是当时关于改革文学内容的一篇最重要的宣言。他开篇就说：

> 我们现在应该提倡新的文学，简单的说一句，是“人的文学”，应该排斥的，便是反对的非人文学。

他解释这个“人”字如下：

> 我所说的人，乃是“从动物进化的人类”。其中有两个要点：（一）“从动物”进化的；（二）从动物“进化”的。
>
> 我们承认人是一种生物，他的生活现象与别的动物并无不同。所以我们相信人的一切生活本能都是美的善的，应得完全满足。凡有违反人性不自然的习惯制度，都应排斥改正。

> 但我们又相信人是一种从动物进化的生物，他……有能改造生活的力量。所以我们相信人类以动物的生活为生存的基础，而其内面生活却渐与动物相远，终能达到高尚和平的境地。凡兽性的余留，与古代礼法可以阻碍人性向上的发展者，也都应排斥改正。……
>
> 换一句话说，所谓从动物进化的人，也便是指“灵肉一致”的人。……
>
> 人的理想生活……首先便是改良人类的关系，……须营一种利己而又利他，利他即是利己的生活。第一、便是各人以心力的劳作换得适当的衣食住与医药，能保持健康的生存。第二、革除一切人道以下或人力以上的因袭的礼法，使人人能享自由真实的幸福生活。
>
> 我所说的人道主义，并非世间所谓“悲天悯人”或“博施济众”的慈善主义！乃是一种个人主义的人间本位主义。……用这人道主义为本，对于人生诸问题加以记录研究的文字，便谓之“人的文学”。

这是一篇最平实伟大的宣言（他的详细节目，至今还值得细读）。周先生把我们那个时代所要提倡的种种文学内容，都包括在一个中心观念里，这个观念他叫做“人的文学”。他要用这一个观念来排斥中国一切“非人的文学”（他列举了十大类），来提倡“人的文学”。他所谓“人的文学”，说来极平常，只是那些主张“人情以内，人力以内”的“人的道德”的文学。

在周作人先生所排斥的十类“非人的文学”之中，有《西游记》《水浒》《七侠五义》，等等。这是很可注意的。我们一面夸赞这些旧小说的文学工具（白话），一面也不能不承认他们的思想内容实在不高明，够不上“人的文学”。用这个新标准去评估中国古今的文学，真正站得住脚的作品就很少了。所以周先生的结论是：“还须介绍译述外国的著作，扩大读者的精神，眼里看见了世界的人类，养成人的道德，实现人的生活。”

关于文学内容的主张，本来往往含有个人的嗜好，和时代潮流的影响。《新青年》的一班朋友在当年提倡这种淡薄平实的“个人主义的人间本位”，也颇能引起一班青年男女向上的热情，造成一个可以称为“个人解放”的时代。然而当我们提倡那种思想的时候，人类正从一个“非人的”血战里逃出来，世界正在起一种激烈的变化。在这个激烈的变化里，许多制度与思想又都得经过一种“重新估价”。十几年来，当日我们一班朋友郑重提倡的新文学内容渐渐受一班新的批评家的指摘，而我们一班朋友也渐渐被人唤作落伍的维多利亚时代的最后代表者了！

那些更新颖的文学议论，不在我们编的这一册的范围之中，我们现在不讨论了。

06

我在这篇导言里，只做到了两点：第一是叙述并补充了文学革命的历史背景（音标文字运动的部分是补充的）。第二是简单的指出了文学革命的两个中心理论的涵义，并且指出了这一次文学革命的主要意义实在只是文学工具的革命。这一册的题目是“建设理论集”，其实也可以叫做“革命理论集”，因为那个文学革命一面是推翻那几千年因袭下来的死工具，一面是建立那千年来已有不少文学的成绩的活工具；用那活的白话文学来替代那死的古文学，可以叫做大破坏，可以叫做大解放，也可以叫做“建设的文学革命”。

在那个文学革命的稍后一个时期，新文学的各个方面（诗、小说、戏剧、散文）都引起了不少的讨论。引起讨论最多的当然第一是诗，第二是戏剧。这是因为新诗和新剧的形式和内容都需要一种根本的革命；诗的完全用白话，甚至于不用韵，戏剧的废唱等等，其革新的成分都比小说和散文大的多，所以他们引起的讨论也特别多。文学革命在海外发难的时候，我们早已看出白话散文和白话小说都不难得着承认，最难的大概是新诗，所以我们当时认定建立新诗的唯一方法是要鼓励大家来用白话做新诗。后来作诗的人多了，有些是受了英美民族的文学的影响比较多的，于是新诗的理论也就特别多了。中国旧戏虽然已到了末路，但在当时也还有不少迷信唱工台步脸谱的人，所以在那拥护旧戏和主张新剧的争论里，也产生了一些关于戏剧的讨论。

我在本文开篇时说过，“人们要用你结的果子来评判你”，文学革命的第一个十年结的果子就是那近十年来努力创作的成绩。我们看了这二十年的新文学创作的成绩，至少可以说中国文学革命运动不是一个不孕的女人，不是一株不结实的果子树。耶稣在山上很感动的说："收成是好的，可惜做工的人太少了！"中国文学革命的历史的基础全在那一千年中这儿那儿的一些大胆的作家，因为忍不住艺术的引诱，创作出来的一些白话文学。中国文学革命将来的最后胜利，还得靠今后的无数作家，在那点历史的基础之上，在这二十年来的新辟的园地之上，努力建筑起无数的伟大高楼大厦来。

在文学革命的初期提出的那些个别的问题之中，只有一个问题还没有得着充分的注意，也没有多大的进展，——那就是汉字改用音标文字的问题（看钱玄同先生《中国今后之文学问题》和傅斯年先生的《汉语改用拼音文字的初步谈》两篇）。我在上文已说过，拼音文字只可以拼活的白话，不能拼古文；在那个古文学的权威毫未动摇的时代，大家看不起白话，更没有用拼音文字的决心，所以音标文字的运动不会有成功的希望。如果因为白话文学的奠定和古文学的权威的崩溃，音标文字在那不很辽远的将来能够替代了那方块的汉字做中国四万万人的教育工具和文学工具了，那才可以说是中国文学革命的更大收获了。

廿四年九月三日

（原载《中国新文学大系》第一集《建设理论集》，1935 年 10 月 15 日

上海良友图书印刷公司出版。此文后经胡适删改，改名为《中国新文学运动小史》，1958 年台北启明书局出版。）

中国文学史上的一个重要时期

胡适

大凡文学有两个主要分子：一是“要有我”，二是“要有人”。有我就是要表现著作人的性情见解，有人就是要与一般的人发生交涉。那无数的模仿派的古文学，既没有我，又没有人，故不值得提起。现在我们要谈这五十年的“活文学”了。活文学自然要在白话作品里去找。这五十年的白话作品，差不多全是小说。

五十年来中国之文学

01

这五十年在中国文学史上可以算是一个很重要的时期。综括起来，这五十年的重要有几点：

1. 五十年前，《申报》出世的一年（1872 年），便是曾国藩死的一年，曾国藩是桐城派古文的中兴第一大将。但是他的中兴事业，虽然是很光荣灿烂的，可惜都没有稳固的基础，故都不能有长久的寿命。清朝的命运到了太平天国之乱，一切病状一切弱点都现出来了，曾国藩一班人居然能打平太平天国，平定各处匪乱，做到他们的中兴事业。但曾左的中兴事业，虽然延长了五六十年的满清国运，究竟救不了满清帝国的腐败，究竟救不了满清帝室的灭亡。他的文学上的中兴事业，也是如此。古文到了道光、咸丰的时代，空疏的方、姚派，怪僻的龚自珍派，都出来了，曾国藩一班人居然能使桐城派的古文忽然得一支生力军，忽然做到中兴的地位。但“桐城 = 湘乡派”的中兴，也是暂时的，也不能持久的。曾国藩的魄力与经验确然可算是桐城派古文的中兴大将。但曾国藩一死之后，古文的运命又渐渐衰微下去了。曾派的文人，郭嵩焘，薛福成，黎庶昌，俞樾，吴汝纶……都不能继续这个中兴事业。再下一代，更成了“强弩之末”了。这一度的古文中兴，只可算是痨病将死的人的“回光返照”，仍旧救不了古文的衰亡。这一段古文末运史，是这五十年的一个很明显的趋势。

2. 古文学的末期，受了时势的逼迫，也不能不翻个新花样了。这五十年的下半便是古文学逐渐变化的历史。这段古文学的变化史又可分作几个小段落：

（1）严复、林纾的翻译的文章。

（2）谭嗣同、梁启超一派的议论的文章。

（3）章炳麟的述学的文章。

（4）章士钊一派的政论的文章。

这四个运动，在这二十多年的文学史上，都该占一个重要的地位。他们的渊源和主张虽然很多不相同的地方，但我们从历史上看起来，这四派都是应用的古文。当这个危急的过渡时期，种种的需要使语言文字不能不朝着“应用”的方向变去。故这四派都可以叫做“古文范围以内的革新运动”。但他们都不肯从根本上做一番改革的工夫，都不知道古文只配做一种奢侈品，只配做一种装饰品，却不配做应用的工具。故章炳麟的古文，在四派之中自然是最古雅的了，只落得个及身而绝，没有传人。严复、林纾的翻译文章，在当日虽然勉强供应了一时的要求，究竟不能支持下去。周作人兄弟的《域外小说集》便是这一派的最高作品，但在适用一方面他们都大失败了。失败之后，他们便成了白话文学运动的健将。谭嗣同、梁启超一派的文章，应用的程度要算很高了，在社会上的影响也要算很大了，但这一派的末流，不免有浮浅的铺张，无谓的堆砌，往往惹人生厌。章士钊一派是从严复、章炳麟两派变化出来的，他们注重论理，注重文法，既能谨严，又颇能委婉，颇可以补救梁派的缺点。《甲寅》派的政论文在民国初年几乎成一个重要文派。但这一派的文字，既不容易做，又不能通俗，在实用的方面，仍旧不能不归于失败。因此，这一派的健将，如高一涵、李大钊、李剑农等，后来也都成了白话散文的作者。

这一段古文学勉强求应用的历史，乃是新旧文学过渡时代不能免的一个阶级。古文学幸亏有这一个时期，勉强支持了二三十年的运命。

3. 在这五十年之中，势力最大，流行最广的文学，——说也奇怪，——并不是梁启超的文章，也不是林纾的小说，乃是许多白话的小说。《七侠五义》《儿女英雄传》都是这个时代的作品。《七侠五义》之后，有《小五义》等等续编，都是三十多年来的作品。这一类的小说很可代表北方的平民文学。到了前清晚年，南方的文人也做了许多小说。刘鹗的《老残游记》，李伯元的《官场现形记》《文明小史》，吴沃尧的《二十年目睹之怪现状》《恨海》《九命奇冤》等，都是有意的作品，意境与见解都和北方那些纯粹供人娱乐的民间作品大不相同。这些南北的白话小说，乃是这五十年中国文学的最高作品，最有文学价值的作品。这一段小说发达史，乃是中国“活文学”的一个自然趋势；他的重要远在前面两段古文史之上。

4. 这五十年的白话小说史仍旧与一千年来的白话文学有同样的一个大缺点：白话的采用，仍旧是无意的，随便的，并不是有意的。民国六年以来的“文学革命”便是一种有意的主张。无意的演进，是很慢的，是不经济的。譬如乾隆以来的各处匪乱，多少总带着一点“排满”的意味，但多是无意识的冲动，不能叫做有主张的革命，故容易失败了。太平天国的革命，排满的色彩稍明显一点，但终究算不得是有意识有计划的排满运动，故不能得中上阶级的同情，终归于失败。近二十年来的革命运动，因为是有意识的主张，有计划的革命，故能于短时期之中，收最后的胜利。文字上的改革，也是如此。一千年来，白话的文学，一线相传，始终没有断绝。但无论是唐诗，是宋词，是元曲，是明清的小说，总不曾有一种有意的鼓吹，不曾明明白白的攻击古文学，不曾明明白白的主张白话的文学。

近五年的文学革命，便不同了。他们老老实实的宣告古文学是已死的文学，他们老老实实的宣言“死文字”不能产生“活文学”，他们老老实实的主张现在和将来的文学都非白话不可。这个有意的主张，便是文学革命的特点，便是五年来这个运动所以能成功的最大原因。

以上四项，便是这五十年中国文学的变迁大势。以下的几章便是详细说明这几个趋势。

02

曾国藩死后的“桐城 = 湘乡派”，实在没有什么精采动人的文章。王先谦辑的《续古文辞类纂》（光绪八年，1882 年，编成的）选有龙启瑞，鲁一同，吴敏树等人的文章，可以勉强代表这一派的老辈了。王先谦自序说，

> 惜抱（姚鼐）振兴绝学，海内靡然从风。其后诸子各诩师承，不无谬附。……梅氏（梅曾亮，1855 年死）浸淫于古，所造独为深远。……

曾文正公（国藩）以雄直之气，宏通之识，发为文章，冠绝今古。……学者将欲杜歧趋，遵正轨，姚氏而外，取法梅曾，足矣。

“姚氏而外，取法梅曾，足矣”这是曾国藩死后的古文家的传法捷径。我们不能多引他们的文章来占篇幅，现在引曾国藩的《欧阳生文集序》，因为这篇序写桐城文派的渊源传播，颇有文学史料的价值：

乾隆之末，桐城姚姬传先生（鼐）善为古文辞，慕效其乡先辈方望溪侍郎之所为，而受法于刘君大櫆，及其世父编修君范。三子既通儒硕望，姚先生治其术益精。历城周永年书昌为之语曰，“天下之文章其在桐城乎？”由是学者多归向桐城，号桐城派，犹前世所称江西诗派者也。

姚先生晚而主钟山书院讲席。门下著籍者，上元有管同异之，梅曾亮伯言，桐城有方东树植之，姚莹石甫。四人者称为高第弟子，各以所得传授徒友，往往不绝。在桐城者有戴钧衡存庄，事植之久，尤精力过绝人，自以为守其邑先正之法，禮之后进，义无所让也。

其不列弟子籍，同时服膺，有新城鲁仕骥絜非，宜兴吴德旋仲伦。絜非之甥为陈用光硕士，硕士既师其舅，又亲受业姚先生之门，乡人化之，多好文章。硕士之群从有陈学受蓺叔，陈溥广敷；而南丰又有吴嘉宾子序，皆承絜非之风，私淑于姚先生。由是江西建昌有桐城之学。仲伦与永福吕璜月沧交友，月沧之乡人有临桂朱琦伯韩，龙启瑞翰臣，马平王拯定甫，皆步趋吴氏、吕氏，而益求广其术于梅伯言。由是桐城宗派流衍于广西矣。

昔者国藩尝怪姚先生典试湖南，而吾乡出其门者未闻相从以学文为事。既而得巴陵吴敏树南屏称述其术，笃好而不厌。而武陵杨彝珍性农，善化孙鼎臣芝房，湘阴郭嵩焘伯琛，溆浦舒焘伯鲁，亦以姚氏文家正轨，违此则又何求？最后得湘潭欧阳生（勋）……受法于巴陵吴君，湘阴郭君，亦师事新城二陈。其渐染者多，其志趣嗜好，举天下之美，无以易乎桐城姚氏者也！

……自洪杨倡乱，东南荼毒；钟山石城，昔时姚先生撰杖都讲之所，今为犬羊窟宅，深固而不可拔。桐城沦为异域，既克而复失。戴钧衡全家殉难，身亦呕血死矣。

余来建昌，问新城南丰兵燹之余，百家荡尽，田荒不治，蓬蒿没人；一二文士转徙无所。而广西用兵九载，群盗犹汹汹，骤不可爬梳；龙君翰臣又物故。独吾乡少安，二三君子尚得优游文学，曲折以求合桐城之辙。而舒焘前卒，欧阳生亦以瘵死。老者牵于人事，或遭乱不得竟其学；少者或中道夭殂；四方多故，求如姚先生之聪明早达，太平寿考，从容以跻于古之作者，卒不可得。

这一篇不但写桐城派的传播，又可以使我们知道这一派的最高目的是“曲折以求合桐城之辙”。“举天下之美，无以易乎桐城姚氏者也！”

曾国藩在当日隐隐的自命为桐城派的中兴功臣，人家也如此推崇他。（王先谦自序可参看。）他作《圣哲画像记》，共选圣哲三十二人，而姚鼐为三十二人之一，这可以想见他的心理了。他的幕府里收罗了无数人才；我们读薛福成的《叙曾文正公幕府宾僚》（《庸庵文编》四）一篇，可以知道当日的学者如钱泰吉，刘毓崧，刘寿曾，李善兰（算学家），华蘅芳（算学家），孙衣言，俞樾，莫友芝，戴望，成蓉镜，李元度；文人如吴敏树，张裕钊，陈学受，方宗诚，吴汝纶，黎庶昌，汪士铎，王闿运，——都在他的幕府之内。怪不得曾派的势力要影响中国几十年了。但这一班人在文学史上都没有什么重要的贡献。年寿最高，名誉最长久的，莫如俞樾，王闿运，吴汝纶三人。俞樾的诗与文都没有大价值。王闿运号称一代大师，但他的古文还比不上薛福成（诗另论）。吴汝纶思想稍新，他的影响也稍大，但他的贡献不在于他自己的文章，乃在他所造成的后进人才。严复、林纾都出于他的门下，他们的影响比他更大了。

平心而论，古文学之中，自然要算“古文”（自韩愈至曾国藩以下的古文）是最正当最有用的文体。骈文的弊病不消说了。那些瞧不起唐、宋八家以下的古文的人，妄想回到周、秦、汉、魏，越做越不通，越古越没有用，只替文学界添了一些似通非通的假古董。唐、宋八家的古文和桐城派的古文的长处只是他们甘心做通顺清淡的文章，不妄想做假古董。学桐城古文的人，大多数还可以做到一个“通”字；再进一步的，还可以做到应用的文字。故桐城派的中兴，虽然没有什么大贡献，却也没有什么大害处。他们有时自命为“卫道”的圣贤，如方东树的攻击汉学，如林纾的攻击新思潮，那就是中了“文以载道”的话的毒，未免不知分量。但桐城派的影响，使古文做通顺了，为后来二三十年勉强应用的预备，这一点功劳是不可埋没的。

03

太平天国之乱是明末流寇之乱以后的一个最惨的大劫，应该产生一点悲哀的或慷慨的好文学。当时贵州有一个大诗人郑珍（子尹，遵义人，1806—1864）在贵州受了局部的影响（咸丰四年，贵州的乱），已替他晚年的诗（《巢经巢诗抄》后集）增加无数悲哀的诗料。但郑珍死在五十八年前，已不在我这一篇小史的范围之内了。说也奇怪，东南各省受害最深，竟不曾有伟大深厚的文学产生出来。王闿运为一代诗人，生当这个时代，他的《湘绮楼诗集》卷一至卷六正当太平天国大乱的时代（1849—1864）；我们从头读到尾，只看见无数《拟鲍明远》《拟傅玄麻》《拟王元长》《拟曹子建》……一类的假古董；偶然发现一两首“岁月犹多难，干戈罢远游”一类不痛不痒的诗；但竟寻不出一些真正可以纪念这个惨痛时代的诗。这是什么缘故呢？我想这都是因为这些诗人大都是只会做模仿诗的，他们住的世界还是鲍明远、曹子建的世界，并不是洪秀全、核秀清的世界；况且鲍明远、曹子建的诗体，若不经一番大解放，决不能用来描写洪秀全、杨秀清时代的惨劫。王闿运集中有 1872 年作的《独行谣》三十章（卷九），追写二十年的时事，内中颇有大胆的讥评，但文章多不通，叙述多不明白，只可算是三十篇笨拙的时事歌括，不能算作诗！我不得已，勉强选了他的《铜官行 · 寄章寿麟 · 题感旧图》一篇代表这一位大名鼎鼎的诗人：

铜官行 · 寄章寿麟 · 题感旧图

（适按：此诗无注，多不可通。章字价人。曾氏靖港之败，赖章救他出来。后来曾氏成功受封，章独不得报酬，人多为他抱不平。章晚年作《感旧图》。并作记，记此事。参看郑孝胥《海藏楼》诗卷三，页三）

桂平盗起东南卷，唯有长沙能累卵。三年坐井仰恃天，城堞微风动矛攒。凶徒无赖往复来，潘、张迁去骆受灾；闭门待死谥忠节，未死从容居宪台。曾家岭枷偏在颈，三家村儒怒生瘿。劝捐截饷百计生，欲倚江吴效驰骋。庐黄军败如覆铛，盗舟一夜满洞庭。抚标大将缒楼走，徐公绕室趾不停。省兵无人无守御，却付曾家一瓦注。空船坐守木关防，直置当锋寻死处。军谋兵机不暇讲，盗屯湘潭下靖港；两头张手探釜鱼，十日淘河得枯蚌。刘、郭苍黄各顾家，左生狂笑骂猪耶。彭、陈、李生岂愿死？四围密密张罗罝。此时鲇笛求上计，陈谋李断相符契；彭公建策攻下游，捣坚禽王在肯綮。弱冠齐年我与君，君如李广欲无言。日中定计夜中变，我归君去难相闻。平明丁叟蹋门入，报败方知一军泣。督师只拟从湘累，主薄匆匆救杜袭。十营并发事全虚，从此舍舟山上居。七门昼闭春欲尽，独教陈、李删遗疏。版桥漂破帅旗折，铜官渚畔烽明灭。岂料湘潭大捷来，千里盗屯汤沃雪！一胜申威百胜从，塔、罗如虎彭、杨龙。时人攀附三十载，争道当年赞画功！骆相成名徐、陶死，曾弟重歌脊令起。惟余湘岸柳千条，犹恨当时呜咽水。信陵客散十年多（适按此诗作于曾国藩死后约十年），旧逻频迎节镇过；时平始觉军功贱，官冗间从资格磨。凭君莫话艰难事，俛得俛失皆天意。渔浦萧萧废垒秋，游人且觅从事记。

这种诗还不能完全当得一个“通”字，但在《湘绮楼集》里那许多假古董之中，这种诗自然不能不算是上品了。

但是这个时代有一个诗人，确可以算是代表时代的诗人。这个诗人就是上元的金和，字亚匏，生于1818，死于1885，著有《秋蟪吟馆诗抄》七卷。当1853年南京城破时，金和被陷在城中，与长发军中人往来，渐渐的结合了许多人，要想作官兵的内应。那时向荣的大本营即在城外，金和偷出城来，把内应的计划告知官兵；向荣初不信，他就自请把身体押在大营，作为保证。城内的同党与官兵约定期日攻城，到期官兵不到；再约，官兵又不到。城内的同党被杀的很多。金和亲自经过围城中的生活，又痛恨当日官军的腐败无能，故他的纪事诗不但很感动人，还有历史的价值。他的《痛定》篇（卷二，页十二——二十）用日记体作诗，写破城及城中事，我们举他一首作例：

二月二十三，传闻大兵至，贼魁似皇皇，终日警三四。南民私相庆，始有再生意。桓桓向将军，仰若天神贵。一闻贼吹角，即候将军骑，香欲将军迎，酒欲将军馈。食念将军食，睡说将军唾。……七岁儿何知，门外偶嬉戏，公然对路人，说出将军字。阿姊面死灰，挞之大怒詈。从此望将军，十日九憔悴。更有健者徒，夜半誓忠义，愿遥应将军，画策万全利。分隶贼麾下，使贼不猜忌。寻常行坐处，短刃缚在臂。但期兵入城，各各猝举燧。得见将军面，命即将军赐。谁料将军忙，来及理此事？

他的《六月初二日纪事一百韵》，前面写向荣刻日出兵，写先期大飨士卒，将军行酒誓师，写明日之晨准备出战，共九十几句，到篇末只说：

……一时惊喜遍旄倪，譬积阴雨看红霓，……夜不敢寐朝阳跻，……日中才听怒马嘶，但见泛泛如凫鹥，兵不血刃身不泥，全军而退归来兮！

这已是骂的很刻毒了。但下面的一首《初五日纪事》更妙，我们可以把他全抄在这里：

前日之战未见贼，将军欲赦赦不得。或语将军难尽诛，姑使再战当何如？昨日黄昏忽传令，谓“不汝诛贷汝命。今夜攻下东北城，城不可下无从生”。三军拜谢呼刀去，又到前回酣睡处。空中乌乌狂风来，沉沉云阴轰轰雷。将谓士曰雨且至，士谓将曰此可避。回鞭十里夜复晴，急见将军天未明。将军已知夜色晦，“此非汝罪汝其退。”我闻在楚因天寒，龟手而战难乎难。近来烈日恶作夏，故兵之出必以夜。此后又非进兵时，月明如昼贼易知。乃于片刻星云变，可以一战亦不战。吁嗟乎，将军作计必万全，非不灭贼皆由天。安得青天不寒亦不暑，日月不出不风雨！

这种嘲讽的诙谐，乃是金和的特别长处。他是全椒吴家的外孙，与《儒林外史》的著者和《儒林外史》的几个重要人物都有点关系，他是表章《儒林外史》的一个人，故他的诗也很像是得力于《儒林外史》的嘲讽的本领。有心人的嘲讽，不是笑骂，乃是痛哭；不是轻薄，乃是恨极无可如何，不得已而为之。他的《十六日至秣陵关遇赴东坝兵有感》一篇云：

初七日未午，我发钟山下。蜀兵千余人，向北驰怒马。传闻东坝急，兵力守恐寡。来乞将军援，故以一队假。我遂从此辞，仆仆走四野。三宿湖熟桥，两宿龙溪社，四宿方山来，尘汗搔满把。僧舍偶乘凉，有声叱震瓦。微睨似相识，长身面甚赭。稍前劝勿瞋，幸不老拳惹。婉词问何之，乃赴东坝者。九日行至此，将五十里也！

这种技术确能于杜甫、白居易的“问题诗”之外，别开一个生面。他有《军前新乐府》四篇。我们选他的第四篇，篇名《半边眉》：

半边眉，汝何来？太守门下请钱回。太守门，何处所？钟山之旁近大府。大府初闻难民苦，公家遍括闲田租，旁郡金缴上户输。一心要贷难民命，聘贤太守专其政。太守计曰“费恐滥，百二十钱一人赡。”太守计曰“难民多，一人数请当奈何？我闻古有察眉律。”呼仆持刀对人立，一刀留下半边眉，再来除是眉长时。——防蠹术果奇，作蠹术斯巧。岂但无眉人不来，有眉人亦来都少。惟有一二市井奸，赂太守仆二十钱，奏刀不猛眉犹全，半边眉可三刀焉。否则病夫真饿杀，痴心尚恋一朝活，拌与半边眉尽割。吁嗟乎，……太守何不计之毒？千钱封人耳与目，万钱截人手与足，终古无人请钱至，太守，岂非大快事？

此外尚有许多可选的诗，我们不能多举例了。金和的诗很带有革新的精神，他自己题他的《椒雨集》云：

> 是卷半同日记，不足言诗。如以诗论之，则军中诸作，语宗痛快，已失古人敦厚之风，尤非近贤排调之旨。其在今日诸公有是韬钤，斯吾辈有此翰墨，尘秽略相等，殆亦气数使然耶？

他又有诗（卷七，页八）云：

> 所作虽不纯乎纯，要之语语皆天真。时人不能为，乃谓非古人。

这虽是吊朋友的诗，也很可代表他自己的主张。他在别处又说（卷一，页三）：

> 尽数写六书，只此数万字。中所不熟习，十复间三四。循环堆垛之，文章毕能事。苟可联贯者，古人肯唾弃，而以遗后人，使得逞妍秘？操觚及今日，谈亦何容易？乃有真壮夫，于此独攘臂；万卷读破后，一一勘同异；更从古人前，混沌辟新意；甘使心血枯，百战不退避。一家言既成，试质琅嬛地，必有天上语，古人所未至。……彼抱窃疾者，出声令人睡。何不指六经，而曰公家器！

正因为他深恨那些“抱窃疾者”，正因为他要“更从古人前，混沌辟新意”。故他能在这五十年的诗界里占一个很高的地位。

这五十年的词，都中了梦窗（吴文英）派的毒，很少有价值的。故我们不讨论了。

04

自从 1840 年鸦片之战以来，中间经过 1860 年英法联军破天津入北京火烧圆明园的战事，中兴的战争又很得了西洋人的帮助，中国明白事理的人渐渐承认西洋各国的重要。1861 年，清廷设总理各国事务衙门；1867 年，设同文馆。后来又有派学生留学外国的政策。当时的顽固社会还极力反对这种政策，故同文馆收不到好学生，派出洋的更不得人。但十九世纪的末年，翻译的事业渐渐发达。传教士之中，如李提摩太等，得着中国文士的帮助，译了不少的书。太平天国的文人王韬，在这种事业上，要算一个重要的先锋了。

但当时的译书事业的范围并不甚广。第一类是宗教的书，最重要的是《新旧约全书》的各种译本。第二类为科学和应用科学的书，当时称为“格致”的书。第三类为历史政治法制的书，如《泰西新史揽要》,《万国公法》等书。这是很自然的。宗教书是传教士自动的事业。格致书是当日认为枪炮兵船的基础的。历史法制的书是要使中国人士了解西洋国情的。此外的书籍，如文学的书，如哲学的书，在当时还没有人注意。这也是很自然的，当日的中国学者总想西洋的枪炮固然利害，但文艺哲理自然远不如我们这五千年的文明古国了。

严复与林纾的大功劳在于补救这两个大缺陷。严复是介绍西洋近世思想的第一人，林纾是介绍西洋近世文学的第一人。

严复译赫胥黎的《天演论》在光绪丙申1896，在中、日战争之后，戊戌变法之前。他自序说：

> ……风气渐通，士知弁陋为耻；西学之事，问涂日多。然亦有一二巨子訑然谓彼之所精不外象数形下之末，彼之所务不越功利之间；逞臆为谈，不咨其实。讨论国闻，审敌自镜之道，又断断乎不如是也。……

这是他的卓识。自从《天演论》出版（1898）以后，中国学者方才渐渐知道西洋除了枪炮兵船之外，还有精到的哲学思想可以供我们的采用。但这是思想史上的事，我们可以不谈。

我们在这里应该讨论的是严复译书的文体。《天演论》有《例言》几条，中有云：

> 译事三难：信，达，雅。求其信已大难矣。顾信矣，不达，虽译犹不译也。则达尚焉。……今是书所言本五十年西人新得之学，又为作者晚出之书，译文取明深义，故词句之间时有所颠倒附益，不斤斤于字比句次，而意义则不倍本文。题曰达旨，不云笔译；取便发挥，实非正法。……凡此经营，皆以为达；为达即所以

为信也。……信达而外，求其尔雅。此不仅期以行远已耳，实则精理微言，用汉以前字法句法则为达易，用近世利俗文字则求达难，往往抑义就词，毫厘千里。审择于斯二者之间，夫固有所不得已也。……

这些话都是当日的实情。当时自然不便用白话；若用白话，便没有人读了。八股式的文章更不适用。所以严复译书的文体，是当日不得已的办法。我们看吴汝纶的《天演论序》，更可以明白这种情形：

……今西书虽多新学，顾吾之士以其时文公牍说部之词译而传之，有识者方鄙夷而不知顾，民智之瀹何由？此无他，文不足焉故也。文如几道，可与言译书矣。……今赫胥黎之道，……严子一文之，而其书乃骎骎与晚周诸子相上下。然则文顾不重耶？……

严复用古文译书，正如前清官僚戴着红顶子演说，很能抬高译书的身价，故能使当日的古文大家认为“骎骎与晚周诸子相上下”

严复自己说他的译书方法道：“什法师有云，‘学我者病’。来者方多，幸勿以是书为口实也。”（《无演论·例言》）这话也不错。严复的英文与古中文的程度都很高，他又很用心，不肯苟且，故虽用一种死文字，还能勉强做到一个“达”字。他对于译书的用心与郑重，真可慨服，真可做我们的模范。他曾举“导言”一个名词作例，他先译“卮言”，夏曾佑改为“悬谈”吴汝纶又不赞成；最后他自己又改为“导言”。他说，“一名之立，旬月踟蹰；我罪我知，是存明哲”。严译的书，所以能成功，大部分是靠着这“一名之立，旬月踟蹰”的精神。有了这种精神，无论用古文白话，都可以成功。后人既无他的工力，又无他的精神；用半通不通的古文，译他一知半解的西书，自然要失败了。

严复译的书，有几种——《天演论》《群己权界论》《群学肄言》——在原文本有文学的价值，他的译本在古文学史也应该占一个很高的地位。我们且引一节做例：

望舒东睇，一碧无烟。独立湖塘，延赏水月；见自彼月之下，至于目前，一道光芒，滉瀁闪烁。谛而察之，皆细浪沦漪，受月光映发而为此也。徘徊数武，是光景者乃若随人。颇有明理士夫，谓此光景为实有物，故能相随，且亦有时以此自讶；不悟是光景者从人而有；使无见者，则亦无光，更无光景与人相逐。盖全湖水面受月映发，一切平等；特人目与水对待不同，明暗遂别，——不得以所未见，遂指为无——是故虽所见者为一道光芒，他所不尔，又人目易位，前之暗者，乃今更明，然此种种，无非妄见。以言其实，则由人目与月作二线入水，成角等者，皆当见光；其不等者，则全成暗（成角等与不等，稍有可议，原文亦不如此说）。惟人之察群事也，亦然：往往以见所及者为有，以所不及者为无。执见否以定有无，则其思之所不赅者众矣。(《群学肄言》三版页七二——三。原书页八三）

这种文字，以文章论，自然是古文的好作品；以内容论，又远胜那无数“言之无物”的古文：怪不得严译的书风行二十年了。

林纾译小仲马的《茶花女》，用古文叙事写情，也可以算是一种尝试。自有古文以来，从不曾有这样长篇的叙事写情的文章。《茶花女》的成绩，遂替古文开辟一个新殖民地。林纾早年译的小说，如《茶花女》《黑奴吁天录》《滑铁卢及利俾瑟战血余腥记》，……恰不在手头，不能引来作例。我且随便引几个例。《拊掌录》（页一九以下）写村中先生有一个学唱歌的女学生，名凯脱里纳，为村中大户之孤生女，

其肥如竹鸡，双颊之红鲜如其父园中之桃实，貌既丰腴，产尤饶沃。……先生每对女郎辄心醉，今见绝色丽姝，安能不加颠倒？且经行其家，目其巨产矣。女郎之父曰包而忒司，……屋居黑逞河次，依山傍树而构，青绿照眼。屋顶出大树，荫满其堂室，阳光所不能烁，树根有山泉滃然仰出，尽日弗穷。老农引水赴沟渠中，渠广而柳树四合，竟似伏流，汩汩出树而逝。去室咫尺，即其仓庾，粮积拥肿，几欲溃窗而出。老农所积如是，而打稻之声尚不断于

耳。屋檐群燕飞鸣；尚有白鸽无数，——有侧目视空者，亦有纳首于翼，企单足而立者，或上下其颈呼雌者，——咸仰阳集于屋顶。而肥腯之猪，伸足笠中，作喘声，似自鸣其足食；而笠中忽逐队出小猳，仰鼻于天，承取空气。池中白鹅，横亘如水师大队之战舰排樯而进，而群鸭游弋，则猎舰也。火鸡亦作联队，杂他鸡鸣于稻畦中，如饶舌之村妪长日詈人者。仓庾之前，数雄鸡高冠长纬，鼓翼而前，颈羽皆竖，以斗其侣；有时以爪爬沙得小虫，则抗声引其所据有之母鸡啄食，已则侧目旁视；他雄稍前，则立拒之。先生触目见其丰饶，涎出诸吻。见猪奔窜，则先生目中已现一炙髁；闻稻香，则心中亦畜一布丁；见鸽子，则思切而苞为蒸饼之馅；见乳鸭与鹅游流水中，先生馋吻则思荡之以沸油。又观田中大小二麦及珍珠米，园中已熟之果，红实垂垂，尤极动人。先生观状，益延盼于女郎，以为得女郎者，则万物俱奁中有矣。

《滑稽外史》第四十一章写尼古拉司在白老地家中和白老地夫妇畅谈时，司圭尔先生和他的女儿番尼，儿子瓦克福，忽然闯进来。白老地的妻子与番尼口角不休，

方二女争时，小瓦克福见案上陈食物无数，馋不可忍，徐徐近案前，引指染盘上腥腻，入指口中，力吮之；更折面包之角，窃蘸牛油嚼之；复取小方糖纳之囊中，则引首仰屋，如有所思，而手已就糖盂累取可数方矣。及见无人顾视，则胆力立壮，引刀切肉食之。

此状司圭尔先生均历历见之，然见他人无觉，则亦伪为未见，窃以其子能自图食，亦复佳事。此时番尼语止，司圭尔知其子所为将为人见，则伪为大怒状，力抵其颊，曰，“汝乃甘食仇人之食！彼将投毒鸩尔矣。尔私产之儿，何无耻耶！”约翰（白老地）曰，“无伤，恣彼食之。但愿先生高徒能合众食我之食令饱，我即罄囊，亦非所惜”。（页百十一）

能读原书的自然总觉得这种译法不很满意。但平心而论，林译的小说往往

有他自己的风味；他对于原书的诙谐风趣，往往有一种深刻的领会，故他对于这种地方，往往更用气力，更见精采。他的大缺陷在于不能读原文；但他究竟是一个有点文学天才的人，故他若有了好助手，他了解原书的文学趣味往往比现在许多粗能读原文的人高的多。现在有许多人对于原书，既不能完全了解；他们运用白话的能力又远不如林纾运用古文的能力，他们也要批评林译的书，那就未免太冤枉他了。

平心而论，林纾用古文做翻译小说的试验，总算是很有成绩的了。古文不曾做过长篇的小说，林纾居然用古文译了一百多种长篇小说，还使许多学他的人也用古文译了许多长篇小说，古文里很少滑稽的风味，林纾居然用古文译了欧文与迭更司的作品。古文不长于写情，林纾居然用古文译了《茶花女》与《迦茵小传》等书。古文的应用，自司马迁以来，从没有这种大的成绩。

但这种成绩终归于失败！这实在不是林纾一般人的错处，乃是古文本身的毛病。古文是可以译小说的，我是用古文译过小说的人，故敢说这话。但古文究竟是已死的文字，无论你怎样做得好，究竟只够供少数人的赏玩，不能行远，不能普及。我且举一个最明显的例。十几年前，周作人同他的哥哥也曾用古文来译小说。他们的古文工夫既是很高的，又都能直接了解西文，故他们译的《域外小说集》比林译的小说确是高的多。我且引《安乐王子》的一部分作例：

> 一夜，有小燕翻飞入城。四十日前，其伴已往埃及，彼爱一苇，独留不去。一日春时，方逐黄色巨蛾，飞经水次，与苇邂逅，爱其纤腰，止与问讯，便曰，“吾爱君可乎？”苇无语，惟一折腰。燕随绕苇而飞，以翼击水，涟起作银色，以相温存，尽此长夏。
>
> 他燕啁哳相语曰，“是良可笑。女绝无资，且亲属众也”。燕言殊当，川中固皆苇也。
>
> 未几秋至，众各飞去。燕失伴，渐觉孤寂，且倦于爱，曰，“女不能言，且吾惧彼佻巧，恒与风酬对也”。是诚然，每当风起，苇辄宛转顶礼。燕又曰，“女或宜家，第吾喜行旅，则吾妻亦必喜此，乃可耳”。遂问之曰，“若能偕吾行乎？”苇摇首，殊爱其故园也。燕曰，“若负我矣。今吾行趣埃及古塔，别矣！”遂飞而去。

这种文字，以译书论，以文章论，都可算是好作品。但周氏兄弟辛辛苦苦译的这部书，十年之中，只销了二十一册！这一件故事应该使我们觉悟了。用古文译小说，固然也可以做到“信，达，雅”三个字，——如周氏兄弟的小说，——但所得终不偿所失，究竟免不了最后的失败。

05

中日之战以后，明白时势的人都知道中国有改革的必要。这种觉悟产生了一种文学，可叫做“时务的文章”。那时代先后出的几种“危言”，——如邵作舟的，如汤寿潜的，——文章与内容都很可以代表这个时代的趋势。到1897年，德国强占了胶州，人心更激昂了；那时清光绪帝也被时局感动了，于是有“戊戌变法”（1898）的运动。这个变法运动在当日的势力颇大，中央政府和各省都有赞助的人。但顽固的反动力终久战胜了，于是有戊戌的“政变”。变法党的领袖是康有为，谭嗣同，梁启超等。谭嗣同与同志五人死于政变，但他的著述，在他死后仍旧发生不少的影响。康有为是“今文家”的一个重要代表，他的《新学伪经考》与《孔子改制考》等书，在这五十年的思想史上，自有他们的相当位置。他的文章虽不如他的诗，但当他“公车上书”以至他亡命海外的时代，他的文章也颇有一点势力，不过他的势力远不如梁启超的势力的远大了。梁启超当他办《时务报》的时代已是一个很有力的政论家；后来他办《新民丛报》，影响更大。二十年来的读书人差不多没有不受他的文章的影响的。

严复、林纾是桐城的嫡派，谭嗣同、康有为、梁启超都是桐城的变种。谭嗣同的《三十自纪》（《文集》中）说：

> 嗣同少颇为桐城所震，刻意规之数年，久自以为似矣；出示人，亦以为似。诵书偶多，广识当世淹通媁壹之士，稍稍自惭，即又无以自达。或授以魏、晋间文，乃大喜，时时籀绎，益笃嗜之。由是上溯秦、汉，下循六朝，始悟心好沈博绝丽之文，子云所以独辽辽焉。旧所为，遗弃殆尽。……昔侯方域少喜骈文，壮而悔之，以名其堂。嗣同亦既壮，所悔乃在此不在彼。……所谓骈文，非

四六排偶之谓，体例气息之谓也，则存乎深观者。

梁启超自述也说：

启超夙不喜桐城派古文；幼年为文，学晚汉、魏、晋，颇尚矜炼。至是（指办《新民丛报》时）自解放，务为平易畅达，时杂以俚语，韵语，及外国语法；纵笔所至不检束。学者竞效之，号新文体。老辈则痛恨，诋为野狐。然其文条理明晰，笔锋常带情感，对于读者，别有一种魔力焉。(《清代学术概论》，页一四二)

这是梁氏四十八岁的自述，没有他三十自述说的详细：

八岁学为文，九岁能缀千言。十二岁应试学院，补博士弟子员。日治帖括，虽心不慊之，然不知天地间于帖括外更有所谓学也，辄埋头研钻。顾颇喜词章，王父父母时授以唐人诗，嗜之过于八股。家贫无书可读，惟有《史记》一，《纲鉴易知录》一，王父父日以课之；故至今《史记》之文能成诵者八九。父执有爱其慧者，赠以《汉书》一，姚氏《古文辞纂》一，则大喜，读之卒业焉。……十三岁始知有段王训诂之学，大好之，渐有弃帖括之志。十五岁，……肄业于学海堂，……乃决舍帖括以从事于训诂词章。

此一段可补前一段“夙不喜桐城派古文”的话。谭嗣同与梁启超都经过一个桐城时代，但他们后来都不满意于桐城的古文。他们又都曾经过一个复古的时代，都曾回到秦汉、六朝；但他们从秦汉、六朝得来的，虽不是四六排偶的形式，却是骈文的“体例气息”。所谓体例，即是谭嗣同说的“沈博绝丽之文”；所谓气息，即是梁启超说的“笔锋常带情感”。

谭嗣同的《仁学》，在思想方面固然可算是一种大胆的作品，在文学方面也有代表时代的价值。我们引一节作例：

不生不灭有征乎？曰，弥望皆是也。如向所言化学诸理，穷其学之所至，不过析数原质而使之分，与并数原质而使之合；用其已然而固然者，时其好恶，剂其盈虚，而以号曰某物某物，如是而已。岂能竟消磨一原质与别创造一原质哉？……本为不生不灭，乌从生之灭之？譬如水加热则渐涸，非水灭也，化为轻气养气也。使收其轻气养气，重与原水等。且热去而仍化为水，无少减也。譬如烛久爇则尽跋，非烛灭也，化为气质流质定质也。使收其所合之炭气，所然之蜡泪，所余之蜡煤，重与原烛等。且诸质散而滋育他物，无少弃也。譬如陶埴，失手而碎之；其为器也毁矣。然陶埴，土所力也。方其为陶埴也，在陶埴曰成，在土则毁；及其碎也，还归乎土，在陶埴曰毁，在土又以成。但有回环，都无成毁。譬如饼饵，入胃而化之，其为食也亡矣。然饼饵，谷所为也。方其为饼饵也，在饼饵曰存，在谷曰亡；及其化也，选粪乎谷，在饼饵曰亡，在谷又以存。但有变易，复何存亡？……（删去一排两个譬喻）……譬于陵谷沧桑之变易：地球之生不知经几千万变矣；洲渚之壅淤，知崖岸之将有倾颓；草木金石之质日出于地，知空穴之将就沦陷；赤道以旋速而隆起，即南北极之所翕敛也；火期之炎，冰期之冱，即一气之舒卷也。故地球体积之重率必无轩轾于昔时；有之，则畸重而去日远，畸轻而去日近，其轨道且岁不同矣。譬如流星陨石之变：恒星有古无而今有，有古有而今无；彗孛有循椭圆线而往可复返，有循抛物线而一往不返。往返者，远近也，非生灭也；有无者，聚散也，非生灭也。木星本统四月，近忽多一月，知近度之所吸取。火、木之间，依比例当更有一星，今惟小行星武女等百余，知女星之所剖裂，即此。地球亦终有陨散之时，然地球之所陨散，他星又将用其质点以成新星矣。王船山之说《易》，谓一卦有十二爻，半隐半见；故大易不言有无，隐见而已。孔子之论礼，谓殷因于夏；周因于殷；故礼有不得，与民变革损益而已。凡此诸体，虽一一佛有阿僧祇身，一一身有阿僧祇口，说亦不能尽。（《仁学上》，页十三）

这一节不但材料可以代表当时的科学知识，他的体例也可以代表当时与二十年来的"新文体"。谭嗣同自己说的骈文的体例与气息，在这里也可以看得出来。但我们拿文学史的眼光来观察，不能不承认这种文体虽说是得力于骈文，其实也得力于八股文。古代的骈文没有这样奔放的体例，只有八股文里的好“长比”有这种气息（上例中，水与烛一比及陶埴与饼饵一比，最可玩味）。故严格说来，这一种文体很可以说是八股文经过一种大解放，变化出来的。

说这种文体是受了八股文的影响的，这句话也许有人不愿意听。其实这句话不全是贬辞。清代的大文家章学诚作古文往往不避骈偶的长排；他曾说：

> 嗟夫，知文亦岂易易？通人如段若膺，见余《通义》有精深者，亦与叹绝；而文句有长排作比偶者，则曰“惜杂时文句调”！夫文求其是耳，岂有古与时哉？即曰时文体多排比，排比又岂作时文者所创为哉？使彼得见韩非《储说》、淮南《说山》《说林》，傅毅《连珠》诸篇，则又当为秦、汉人惜有时文之句调矣。论文岂可如是？此由彼心目中有一执而不化之古文，怪人不似之耳。（《与史余村简》）

此说最有理。文中杂用骈偶的句子，未必即是毛病。当日人人做八股，受了一种影响，也是很自然的事。其实这一派的长处就在他们能够打破那“执而不化”的狭义古文观，就在他们能够运用古文时文儒书佛书的句调来做文章。这个趋势，到了梁启超，更完备了。

梁启超最能运用各种字句语调来做应用的文章。他不避排偶，不避长比，不避佛书的名词，不避诗词的典故，不避日本输入的新名词。因此，他的文章最不合“古文义法”，但他的应用的魔力也最大。

梁启超的文章很多，举例也很难。我且举他的《新民说》第十一篇《论进步》的一节：

> 然则救危亡求进步之道将奈何？曰，必取数千年横暴混浊之政体，破碎而齑粉之，使数千万如虎如狼如蝗知蝻如蜮如蛆之官吏失其社鼠城狐之凭藉，然后能涤肠荡胃以上于进步之途也！必取数千年腐败柔媚之学说，廓清而辞辟之，使数百万如蠹鱼如鹦鹉如水母如畜犬之学子毋得弄舌摇笔舞文嚼字为民贼之后援，然后能一新

耳目以行进步之实也！而其所以达此目的之方法有二：一曰无血之破坏，二曰有血之破坏。无血之破坏者，如日本之类是也。有血之破坏者，如法国之类是也。中国如能为无血之破坏乎？吾馨香而祝之！中国如不得不为有血之破坏乎？吾衰絰而哀之！虽然，哀则哀矣，然欲使吾于此二者之外，而别求一可以救国之途，吾苦无以对也。呜呼，吾中国而果能行第一义也，则今日其行之矣。而竟不能！则吾所谓第二义者，遂终不可免。呜呼，吾又安忍言哉？呜呼，吾又安忍言哉？

我再举一个例：

罗兰夫人何人也？彼生于自由，死于自由。罗兰夫人何人也？自由由彼而生，彼由自由而死。罗兰夫人何人也？彼拿破仑之母也，彼梅特涅之母也，彼玛志尼、噶苏士、俾士麦、加富尔之母也。质而言之，则十九世纪欧洲大陆一切之人物，不可不母罗兰夫人；十九世纪欧洲大陆一切之文明，不可不母罗兰夫人。何以故？法国大革命为欧洲十九世纪之母故。罗兰夫人为法国大革命之母故。

这两个例很可以表示梁启超自己说的“笔锋常带情感”的文体。前一例可以表示这种文字的好的方面；后一例可以表示这种文字的坏的方面。更恶劣的如：

虽然，天不许罗兰夫人享家庭之幸福以终天年也！法兰西历史世界历史必要求罗兰夫人之名以增其光焰也！于是风渐起，云渐乱，电渐迸，水渐涌，譆譆出出，法国革命！嗟嗟咄咄，法国遂不免于大革命！

但这种文字在当日确有很大的魔力。这种魔力的原因约有几种：（1）文体的解放，打破一切“义法”、“家法”，打破一切“古文”、“时文”、“散文”、“骈文”的界限；（2）条理的分明，梁启超的长篇文章都长于条理，最容易看下去；（3）辞句的浅显，既容易懂得，又容易模仿；（4）富于刺激性，"笔锋常带情感"。

梁启超中年的文章，《国风报》《庸言报》时代的文章，把早年文章的毛病渐渐的减少了；渐渐的回到清淡明显的文章。但学他的文章的人，往往学了他的堆砌，他的排比。在记叙的文章内，这种恶劣之处更容易呈显出来。前七八年流行一时的《玉梨魂》一类的小说，便是这种文体用来叙事的结果了。

06

康、梁的一班朋友之中，也很有许多人抱着改革文学的志愿。他们在散文方面的成绩只是把古文变浅近了，把应用的范围也更推广了。在韵文的方面，他们也曾有"诗界革命"的志愿。梁启超《饮冰室诗话》说：

> 当时所谓"新诗"者，颇喜挦扯新名词以自表异。丙申丁酉间（1896—1897）吾党数子皆好作此体。提倡之者为夏穗卿（曾佑）。而复生（谭嗣同）亦綦嗜之。……其《金陵听说法》云，"纲伦惨以喀私德（Caste），法会盛于巴力门（Parliament）"。……穗卿赠余诗云，"帝杀黑龙才士隐，书飞赤乌太平迟"。又云，"有人雄起琉璃海，兽魄蛙魂龙所徒"。……当时吾辈方沉醉于宗教，……故《新约》字面络绎笔端焉。

这种革命的失败，自不消说。但当时他们的朋友之中确有几个人在诗界上放一点新光彩。黄遵宪与康有为两个人的成绩最大。但这两人之中，黄遵宪是一个有意作新诗的，故我们单举他来代表这一个时期。

黄遵宪字公度，嘉应州人，生于1848，死于1905，著有《人境庐诗草》十一卷。他做过三十年的外交官，到过日本，英国，美国，南洋等处。他曾著《日本国志》，《日本杂事诗》。当戊戌的变法，他也是这运动中的一个人物。他对于诗界革命的动机，似乎起的很早。他二十多岁时作的诗之中，有《杂感》五篇，其二云：

大块鑿混沌，浑浑旋大圜。隶首不能算，知有几万年？羲、轩造书契，今始岁五千。以我视后人，若居三代先。俗儒好尊古，日日故纸研；六经字所无，不敢入诗篇。古人弃糟粕，见之口流涎，沿习甘剽盗，妄造丛罪愆。黄土同抟人，今古何愚贤？即今忽已古，断自何代前？明窗敞流离，高炉爇香烟；左陈端溪砚，右列薛涛笺；我手写我口，古岂能拘牵？即今流俗语，我若登简编，五千年后人，惊为古斓斑。

这种话很可以算是诗界革命的一种宣言。末六句竟是主张用俗话作诗了。他那个时代作的诗，还有《山歌》九首，全是白话的。内中如

买梨莫买蜂咬梨，心中有病没人知。因为分梨更亲切，谁知亲切转伤离？

催人出门鸡乱啼，送人离别水东西。挽水西流想无法，从今不养五更鸡。

一家女儿做新娘，十家女儿看镜光。街头铜鼓声声打，打着中心只说“郎”。

都是民歌的上品。他自序云：

土俗好为歌，男女赠答，颇有《子夜读曲》遗意。采其能笔于书者，得数首。

我常想黄遵宪当那么早的时代何以能有那种大胆的“我手写我口”的主张？我读了他的《山歌》的自序，又读了他五十岁时的《己亥杂诗》中叙述嘉应州民族生俗的诗和诗注，我便推想他少年时代必定受了他本乡的平民文学的影响。《己亥杂诗》中有一首云：

一声声道妹相思，夜月哀猿和竹枝。欢是团圆悲是别，总应肠断妃呼豨。

他自注云：

> 土人旧有山歌，多男女相思之辞，当系獠蛮遗俗。今松口松源各乡尚相沿不改。每一辞毕，辄间以无辞之声，正如妃呼狶，甚哀厉而长。

他对于这种民间文学的兴趣，可以使我们推想他受他们的影响定必不少。故他在日本时，看见西京民间风俗“七月十五夜至晦日，每夜亘索街上，悬灯数百，儿女艳妆靓服为队，舞蹈达旦，名曰都踊，所唱皆男女猥亵之词，有歌以为之节者，谓之音头”，他就能赏识这种平民文学，说“其风俗犹之唐人《合生歌》，其音节则汉之《董逃行》也”。他因此作成一篇《都踊歌》：

> 长袖飘飘兮，髻峨峨，荷荷；
> 裙紧束兮，带斜拖，荷荷；
> 分行逐队兮，舞傞傞，荷荷；
> 往复还兮，如掷梭，荷荷；
> 回黄转绿兮，挼莎，荷荷。
> 中有人兮，通微波，荷荷，
> 贻我钗鸾兮，馈我翠螺，荷荷；
> 呼我娃娃兮，我哥哥，荷荷。
> 柳梢月兮，镜新磨，荷荷，
> 鸡眠猫睡兮，犬不呵，荷荷，
> 来不来兮，欢奈何，荷荷？
> 一绳隔兮，阻银河，荷荷，
> 双灯照兮，晕红涡，荷荷。
> 千人万人兮，妾心无他，荷荷；
> 君不知兮，弃则那，荷荷！
> 今日夫妇兮，他日公婆，荷荷。
> 百千万亿化身菩萨兮，受此花，荷荷！
> 三千三百三十二座大神兮，听我歌，荷荷！

天长地久兮，无差讹，荷荷！（原刻此诗不分行。分行更好。）

这固是为西京的风俗作的，但他对于这种民间白话文学的赏识力，大概还是他本乡的山歌的影响。《都踊歌》每一句的尾声“荷荷”，正和嘉应州山歌“每一辞毕，辄间以无辞之声，甚哀厉而长”，是相像的。我们可以说，他早年受了本乡山歌的感化力，故能赏识民间白话文学的好处；因为他能赏识民间的白话文学，故他能说“即今流俗语，我若登简编，五千年后人，惊为古斓斑”！

他自己曾说（此据他的兄弟遵楷跋中引语）：

各人有面目，正不必与古人相同。吾欲以古文家抑扬变化之法作古诗，取《骚》、《选》乐府歌行之神理入近体诗。其取材以群经三史诸子百家及许郑诸注为词赋家不常用者；其述事以官书会典方言俗谚及古人未有之物未辟之境，举吾耳目所亲历者，皆笔而书之。要不失为以我之手写我之口。

这几句话说他的诗，都很确当。但他在“以古文家抑扬变化之法作古诗”的方面，成绩最大。我们且举《赤穗四十七义士歌》（有长序，当参读）的末节：

……臣等事毕无所求，愿从先君地下游。……明年赐剑如杜邮，四十七士性命同日休。一时惊叹争歌讴。观者，拜者，吊者，贺者，万花绕冢，每日香烟浮！一裙，一屐，一甲，一胄，一刀，一矛，一杖，一笠，一歌，一画，手泽珍宝如天球！自从天孙开国首重天琼锋，和魂一传千千秋。况复五百年来武门尚武国多贲俦！到今赤穗义士某某某某四十七人一一名字留！内足光辉大八州，外亦声明五大洲。

此外如他的《降将军歌》《度辽将军歌》《聂将军歌》《逐客篇》《番客篇》，……都是用做文章的法子来做的。这种诗的长处在于条理清楚，叙述分明。做诗与做文都应该从这一点下手：先做到一个“通”字，然后可希望做到一个“好”字。古来的大家，没有一个不是这样的；古来决没有一首不通的好诗，也没有一首看不懂的好诗。金和与黄遵宪的诗的好处就在他们都是先求“通”，先求达意，先求懂得。

黄遵宪颇想用新思想和新材料——所谓“古人未有之物，未辟之境”——来做当日所谓新诗。他的《今别离》四篇，便是这一类。我且引他的《以莲菊桃杂供一瓶作歌》的末段来作例：

> ……即今种花术益工，移枝接叶争天功。安知莲不变桃桃不变为菊？回黄转绿谁能穷？化工造物先造质，控抟众质亦多术，安知夺胎换骨无金丹，不使此莲此菊此桃万亿化身合为一？……六十四质亦幺麽，我身离合无不可。质有时坏神永存，安知我不变花花不变为我？千秋万岁魂有知，此花此我相追随！待到汝花将我供瓶时，还愿对花一读今我诗！

这种“新诗”，用旧风格写极浅近的新意思，可以代表当日的一个趋向；但平心说这种诗并不算得好诗。《今别离》在当时受大家的恭维；现在看来，实在平常的很，浅薄的很。

《人境庐诗抄》中最好的诗，自然还要算《拜曾祖母李太夫人墓》一篇。此诗能实行他的“我手写我口，古岂能拘牵”的主张。内中一段云：

> ……春秋多佳日，亲戚尽团聚。双手擎掌珠，百口百称誉。“我家七十人，诸子爱渠祖，诸妇爱渠娘，诸孙爱诸父。因裙便惜带，将缣难比素。老人性偏爱，不顾人笑侮。”邻里向我笑；“老人爱不差。果然好相貌，艳艳如莲花。诸母背我骂，健犊行破车，上树不停脚，偷芋信手爬；昨日探鹊巢，一跌败两牙，噀血喷满壁，盘礴画龙蛇。兄妹昵我言，向婆乞金钱，直倾紫荷囊，滚地金铃圆。爷娘附我耳，劝婆要加餐；金盘脍鲤鱼，果为儿下咽。伯叔牵我手，心知不相干，故故摩儿顶，要图老人欢。
>
> 儿年九岁时，阿爷报登科。见儿大父旁，一语三摩娑：“此儿生属猴，聪明较猴多。雏鸡比老鸡，异时知如何？我病又老耄，情

> 知不坚牢。风吹儿不长，那见儿扶摇？待儿胜冠时，看儿能夺标；他年上我墓，相携着宫袍。前行张罗伞，后行鸣鼓箫；猪鸡与花果，一一分肩挑；爆竹响墓背，墓前纸钱飘。手捧紫泥封，云是夫人诰；子孙共罗拜，焚香向神告：'儿今幸胜贵，颇如母所料。'世言鬼无知，我定开口笑。"

这个时代之中，我只举了金和、黄遵宪两个诗人，因为这两个人都有点特别的个性，故与那一班模仿的诗人，雕琢的诗人，大不相同。这个时代之中，大多数的诗人都属于"宋诗运动"。宋诗的特别性质，不在用典，不在做拗句，乃在做诗如说话。北宋的大诗人还不能完全脱离杨亿一派的恶习气；黄庭坚一派虽然也有好诗，但他们喜欢掉书袋，往往有极恶劣的古典诗。（如云"司马寒如灰，礼乐卯金刀。"）南宋的大家——杨、陆、范，——方才完全脱离这种恶习气，方才贯彻这个"做诗如说话"的趋势。但后来所谓"江西诗派"，不肯承接这个正当的趋势（范、陆、杨、尤都从江西诗派的曾几出来），却去模仿那变化未完成的黄庭坚，所以走错了路，跑不出来了。近代学宋诗的人，也都犯这个毛病。陈三立是近代宋诗的代表作者，但他的《散原精舍诗》里实在很少可以独立的诗。近代的作家之中，郑孝胥虽然也不脱模仿性，但他的魄力大些，故还不全是模仿。他曾有诗赠陈三立，中有"安能抹青红，搔头而弄姿？"之句。其实他自己有时还近这种境界，陈三立却做不到这个地步。郑孝胥作陈三立的诗集的序，曾说：

> 往有巨公与余谈诗，务以清切为主。于当世诗流，每有张茂先我所不解之喻。其说甚正。然余窃疑诗之为道，殆有未能以清切限之者。世事万变，纷扰于外；心绪百态，腾沸于内；宫商不调而不能已于声，吐属不巧而不能已于辞；若是者，吾固知其有乖于清也。思之来也无端，则断如复断，乱如复乱者，恶能使之尽合？兴之发也匪定，则倏忽无见，惝怳无闻者，恶能责以有说？若是者，吾固知其不期于切也。

他这篇序虽然表面上是替江西诗派辩护，其实是指出江西诗派的短处。他自己的诗并不实行这个“不清不切”的主张，故还可以读。他后来有答樊增祥的诗，自己取消这种议论：

> 尝序伯严（陈三立）诗，持论辟清切。自嫌误后生，流浪或失实。君诗妙易解，经史气四溢。诗中见其人，风趣乃隽绝。浅语莫非深，天壤在毫末。何须填难字，苦作酸生活？会心可意言，即此意已达。

樊增祥的诗，比较的最聪明，最清切，可惜没有内容，也算不得大家。此外还有许多人，努力模仿古人，努力作诗匠。但他们志在“作古”，我们也不敢把他们委屈在这五十年之内了。

07

这五十年是中国古文学的结束时期。做这个大结束的人物，很不容易得。恰好有一个章炳麟，真可算是古文学很光荣的结局了。

章炳麟是清代学术史的押阵大将，但他又是一个文学家。他的《国故论衡》《检论》，都是古文学的上等作品。这五十年中著书的人没有一个像他那样精心结构的；不但这五十年，其实我们可以说这两千年中只有七八部精心结构，可以称做“著作”的书，——如《文心雕龙》《史通》《文史通义》等，——其余的只是结集，只是语录，只是稿本，但不是著作。章炳麟的《国故论衡》要算是这七八部之中的一部了。他的古文学工夫很深，他又是很富于思想与组织力的，故他的著作在内容与形式两方面都能“成一家言”。

章氏论文，很多精到的话。他的《文学总略》（《国故论衡》中）推翻古来一切狭陋的“文”论，说“文者，包络一切著于竹帛者而为言”。他承认文是起于应用的，是一种代言的工具；一切无句读的表谱簿录，和一切有句读的文辞，并无根本的区别。至于“有韵为文，无韵为笔”，和“学说以启人思，文辞以增人感”的区别，更不能成立了。这种见解，初看去似不重要，其实很有关系。有许多人只为打不破这种种因袭的区别，故有“应用文”与“美文”的分别；有些人竟说“美文”可以不注重内容；有的人竟说"美文”自成一种高尚不可捉摸，不必求人解的东西，不受常识与论理的裁制！章炳麟说：

> 文字本以代言，其用则有独至。凡无句读文，皆文字所专属者也，以是为主，故论文学者不得以兴会神旨为上。……知文辞始于表谱簿录，则修辞立诚，其首也。

又说：

> 不得以感人者为文辞，不感者为学说。……学说者，非一往不可感人。凡感于文言者，在其得我心。是故饮食移味，居处缊愉者，闻劳人之歌，心犹怕然。大愚不灵，无所愤悱者，睹妙论则以为恒言也。身有疾痛，闻幼眇之音，则感慨随之矣。心有疑滞，睹辨析之论，则悦怿随之矣。

他是能实行不分文辞与学说的人，故他讲学说理的文章都很有文学的价值。他并不反对桐城派的古文，他的《菿汉微言》有一段说：

> 问桐城义法何其隘邪？答曰，此在今日，亦为有用。何者？明末猥杂佻侻之文雾塞一世，方氏起而廓清之。自是以后，异喙已息，可以不言流派矣。乃至今日而明末之风复作，报章小说，人奉为宗。幸其流派未亡，相存纲纪，学者守此，不至堕入下流，故可取也。若谛言之，文足达意，远于鄙倍，可也。有物有则，雅驯近古，是亦足矣。派别安足论？（页六八）

但他自己论文，却主张回到魏、晋。他说：

> 魏、晋之文，大体皆卑于汉，独持论仿佛晚周。气体虽异，要其守己有度，伐人有序，和理在中，孚尹旁达，可以为百世师矣。

(《国故论衡》中，《论式》，页九四）

为什么呢？因为

老庄形名之学，逮魏复作，故其言不牵章句；单篇持论，亦优汉世。（页九二）

故他以为

持诵《文选》，不如取《三国志》，《晋书》，《宋书》，《弘明集》，《通典》，观之。纵不能上窥九流，犹胜于滑泽者。（页九三）

他又说：

夫雅而不核，近于诵数，汉人之短也。廉而不节，近于强钳；肆而不制，近于流荡；清而不根，近于草野；唐、宋之过也。有其利而无其病者，莫若魏、晋。（页九五）

又说：

效唐、宋之持论者，利其齿牙。效汉之持论者，多其记诵。斯已给矣。

效魏、晋之持论者，上不徒守文，下不可御人以口，必先豫之以学。（同页）

“必先豫之以学”六个字，谈何容易？章炳麟的文章，所以能自成一家，也并非因为他模仿魏、晋，只是因为他有学问做底子，有论理做骨格。《国故论衡》里文章，如《原儒》《原名》《明见》《原道》《明解故上》《语言缘起》说，……皆有文学的意味，是古文学里上品的文章。《检论》里也有许多好文章；如《清儒》篇，真是近代难得的文章。

但他究竟是一个复古的文家。他的复古主义虽能“言之成理”，究竟是一种反背时势的运动。他论文辞，知道文辞始于表谱簿录，是应用的；但他的文章应用的成绩比较最少。他对于同时的文人都有点薄鄙的意思（看《文录》二，《与邓实书》及《与人论文书》）。他自命“将取千年朽蠹之余，反之正则”。他于近代文人中，只承认“王闿运能尽雅”。有人问他如何能做到古雅的文章，他曾把王闿运做文章的法子来教人。什么法子呢？原来是先把意思写成平常的文章，然后把虚字尽量删去，自然古雅了！他又喜欢用古字来代替通行的字；他自己说，

> 六书本义，废置已夙；经籍仍用，通借为多。舍借用真，兹为复始。（《检论》五，《正名杂义》，页二八）

他不知道荀卿“约定俗成谓之宜”的话乃是正名的要旨，故他这种“复始”的工夫虽然增加了古气古色，同时便减少了应用的程度。他自己著书，本来有句读，还可以帮助一般读者的了解。后来他的门人校刻他的全书，以为圈读不古，删去句读，就更难读了。他知道文辞以“存质”为本，他曾说：“文益离质则表象益多，而病亦益笃”；他痛恨那班

> 庸妄宾僚，谬施涂塈，案一事也，不云“纤悉毕呈”，而云“水落石出”；排一难也，不云“祸胎可绝”，而云“釜底抽薪”。表象既多，鄙倍斯甚！（《正名杂义》页一四）

但他那篇《订文》（《正名杂义》乃《订文》的附录）中有句云：“后之林烝，知孟晋者，必修述文字”，用“孟晋”代求进步，还说得过去；“林烝”二字，比他举出的“水落石出”“釜底抽薪”，更不通了。

总而言之，章炳麟的古文学是五十年来的第一作家，这是无可疑的。但他的成绩只够替古文学做一个很光荣的下场，仍旧不能救古文学的必死之症，仍旧不能做到那“取千年朽蠹之余，反之正则”的盛业。他的弟子也不少，但他的文章却没有传人。有一个黄侃学得他的一点形式，但没有他那“先豫之以学”的内容，故终究只成了一种假古董。章炳麟的文学，我们不能不说他及身而绝了。

章炳麟论韵文，也是一个极端的复古派。他说古今韵文的变迁，颇有历史的眼光。他说：

> 吟咏情性，古今所同，而声律调度异焉。魏文侯听今乐则不知倦，古乐则卧。故知数极而迁，虽才士弗能以为美。(《国故论衡》中，《辩诗》，页九九)

这是很不错的历史见解。根据于这个“数极而迁”的观念，他指出《三百篇》为四言诗的极盛时期；到了汉以下，“四言之势尽矣”，故束皙等的四言诗都做不好，到了唐朝，“五言之势又尽，杜甫以下辟旋以入七言”；到了“宋世，诗势已尽，故其吟咏情性，多在燕乐（词）”。他论近代的诗，也很不错：

> 今词又失其声律，而诗尨奇愈甚。考征之士，睹一器，说一事，则纪之五言，陈数首尾，比于马医歌括。及曾国藩自以为功，诵法江西诸家，矜其奇诡。天下骛逐，古诗多诘屈不可诵，近体乃与杯珓谶辞相等。江湖之士绝而称之，以为至美。盖自《商颂》以来，歌诗失纪，未有如今日者也。

这种议论的自然结果应该是一种很激烈的文学革命了。谁知他下文一转便道：

> 物极则变，今宜取近体一切断之（自注：唐以后诗但以参考史事，存之可也。其语则不足诵），古诗断自简文以上，唐有陈（子昂）、张（九龄）、李（白）、杜（甫）之徒，稍稍删取其要，足以继风雅，尽正变矣。

这种极端的复古论，和他的文学史观，实在是互相矛盾的。如果四言诗之势已尽于汉末而五言诗之势已尽于唐初，如果诗之势已尽于宋世，那就如他自己说的“虽才士弗能以为美”了，难道他们还能复兴于今日吗？那“数极而迁”的文学，难道还可以恢复吗？

但他不顾这个矛盾，还想恢复那“数极而迁，虽才士弗能以为美”的诗体。他的韵文（《文录》二，页八六以下）全是复古的文学。内中也有几首可读的，如《东夷诗》的第三四首：

客从海西来，上堂结罗袜，长跪箸席上，对语忘时日。仰见玉衡移，握手言离别。下堂寻革鞮，革鞮忽已失。回头问主人，主人甫惊绝。乞君一两靴，便向笼间掇。笼间何所有？四顾吐长舌。

甲第夫如何？绳蔑相钩带，虎落穿方空，空小门不大。按项出门去，恣情逐岩濑。三步复五步，京市亦迢遰。时复得町畦，云中闻犬吠。策杖寻其声，耆献方高会。“陛下千万岁！世世从台隶！”

这种诗的剪裁力确是比黄遵宪的《番客篇》等诗高的多，又加上一种刻画的嘲讽意味，故创造的部分还可以勉强抵销那模仿的部分。此外如《艾如张》，如《董逃歌》，若没有那篇长序，便真是“与杯珓谶辞相等”了。最恶劣的假古董莫如他的《丹橘》与《上留田》诸篇。《丹橘》凡“七章，二章章四句，五章章八句”，我猜想了五年，近来方才敢猜这诗大概是为刘师培作的。我引第五六章作例：

天道无远，谗夫既丧。何以漱浣？其痍其壮。越畹望之，度畦乡之。不见广陵，蓬莱障之。

擭之櫜矣，不宿乾鹊。民之罣矣，如狙如玃。知我之好，匪伊朝夕。尔虽我封，我心则怿。

这种诗使我们联想到《易林》,《易林》是汉朝的一种“杯珓谶辞”。其实一千几百年前的“杯珓谶辞”未必就远胜一千几百年后的“杯珓谶辞”。

章炳麟在文学上的成绩与失败，都给我们一个教训。他的成绩使我们知道古文学须有学问与论理做底子，他的失败使我们知道中国文学的改革须向前进，不可回头去；他的失败使我们知道文学“数极而迁，虽才士弗能以为美”。使我们知道那“取千年朽蠹之余，反之正则”的盛业是永永不可能的了！

08

当日俄战争（1904—1905）以后，中国革命的运动一天一天的增加势力。同时的君主立宪运动也渐渐的成为一种正式的运动。这两党的主张时常发生冲突。《新民丛报》那时已变成君主立宪的机关了，故时时同革命的《民报》做很激烈的笔战。这种笔战在中国的政论文学史上很有一点良好的影响，因为从此以后，梁启超早年提倡出来的那种“情感”的文章，永永不适用了。帖括式的条理不能不让位给法律家的论理了。笔锋的情感不能不让位给纸背的学理了。梁启超自己的文章也不能不变了；《国风》与《庸言》里的梁启超已不是《新民丛报》第一二年的梁启超了。自1905年到1915年（民国四年），这十年是政论文章的发达时期。这一个时代的代表作家是章士钊。章士钊曾著有一部中国文法书，又曾研究论理学；他的文章的长处在于文法谨严，论理完足。他从桐城派出来，又受了严复的影响不少；他又很崇拜他家太炎，大概也逃不了他的影响。他的文章有章炳麟的谨严与修饰，而没有他的古僻；条理可比梁启超，而没有他的堆砌。他的文章与严复最接近；但他自己能译西洋政论家法理学家的书，故不须模仿严复。严复还是用古文译书，章士钊就有点倾向“欧化”的古文了；但他的欧化，只在把古文变精密了；变繁复了；使古文能勉强直接译西洋书而不消用原意来重做古文；使古文能曲折达繁复的思想而不必用生吞活剥的外国文法。

章士钊的文章，散见各报；但他办《甲寅》时（1914—1915）的文章，更有精采了，故我们只引这个时代的文章来做例。他先著《学理上之联邦论》，中有云：

> 理有物理，有政理。物理者，绝对者也。而政理只为相对。物理者，通之古今而不惑，放之四海而皆准者也。政理则因时因地容有变迁。二者为境迥殊，不易并论。例如十乌于此，吾见九乌皆黑；余一乌也，而亦黑之，谓非黑则于物理有远，可也。若十国于此，吾见九国立君；余一国也，而亦君之，谓非立君则于政理有违，未可也。何也？立君之制，纵宜于九国，而未必即宜于此一国也。或曰，“自培根以来，学者无不采经验论”。此其所指似在物

理，而持以侵入政理之域，愚殊未敢苟同。……科学之验，在夫发现真理之通象；政学之验，在夫改良政制之进程；故前者可以定当然于已然之中，后者甚且排已然而别创当然之例。不然，当十五六世纪时，君主专制之威披靡一世，政例所存，罔不然焉；苟如论者所言，是十七世纪后之立宪政治不当萌芽矣。有是理乎？（《甲寅》，一，五）

他的意思要说“联邦之理，果其充满，初不恃例以为护符”。后来有人驳他，说他的方法是极端的演绎法。章士钊作论答他（《联邦论・答潘君力山》），中有一段云：

物理之称为绝对，究其极而言之，非能真绝对也。何也？无论何物，人盖不能举其全体现在方来之量之数，一一试验以尽，始定其理之无讹也。必待如是，不特其本身归纳之业直无时而可成，而外籀演绎之事，亦终古无从说起。……是故范为定理，不得不有赖于“希卜梯西”（Hypothesis）焉。希卜梯西者，犹言假定也。凡物之已经试验，历人既多，为时亦久，而可信其理为如是如是者，皆得设为假定。用此假定之理以为演绎，历人既多，为时亦久，而无例焉与之相反，则可谥以绝对之称矣。故“绝对”云者，亦假定之未破者而已，非有他也。（《甲寅》，一，七）

第二次答复（《甲寅》一，一九）又说：

若曰，“吾国无联邦之事例，联邦之法理即为无根”，则吾所应谈之法理，而无其事例者，到处皆是矣；若一切不谈，政治又以何道运行耶？况事例吾国无之，而他国固有。以他国所有者，推知吾国之亦可行，此科学之所以重比较，而法律亦莫逃其例者也。安得以本国之有无自限耶？大凡事例之成，苟其当焉，其法理必已前立；特其法理或位乎逻辑之境而人不即觉，事后始为之说明耳。今吾饱观政例，熟察利害，他人事后始有机会立为法理者，而吾得于事前穷其逻辑之境，尽量出之，恣吾览睹，方自幸之不暇，而又何疑焉？

罗家伦在他的《近代中国文学思想之变迁》一篇（《新潮》二，五）里，曾说章士钊的文章“可谓集‘逻辑文学’的大成了”。他又说，“政论的文章，到那个时候，趋于最完备的境界。即以文体而论，则其论调既无‘华夷文学’的自大心，又无‘策士文学’的浮泛气；而且文字的组织上又无形中受了西洋文法的影响，所以格外觉得精密。”（页八七三）这个论断是很不错的。我上文引的几段，很可以说明这种“逻辑文学”的性质。

章士钊同时的政论家——黄远庸，张东荪，李大钊，李剑农，高一涵等，——都朝着这个趋向做去，大家不知不觉的造成一种修饰的，谨严的，逻辑的，有时不免掉书袋的政论文学。但是这种文章，在当日实在没有多大的效果。做的人非常卖气力；读的人也须十分用气力，方才读得懂。因此，这种文章的读者仍旧只限于极少数的人。当他们引戴雪，引白芝浩，引哈蒲浩，引蒲徕士，来讨论中国的政治法律的问题的时候，梁士诒、杨度、孙毓筠们早已把宪法踏在脚底下，把人民玩在手心里，把中华民国的国体完全变换过了！洪宪的帝制虽不长久，洪宪的余毒至今还在，而当日的许多政论机关都烟销云散了。民国五年（1916）以后，国中几乎没有一个政论机关，也没有一个政论家；连那些日报上的时评也都退到纸角上去了，或者竟完全取消了。这种政论文学的忽然消灭，我至今还说不出一个所以然来。但《甲寅》最后一期里有黄远庸写给章士钊的两封信，至少可以代表一个政论大家的最后忏悔。他说：

远本无术学，滥厕士流，虽自问生平并无表见，然即其奔随士夫之后，雷同而附和，所作种种政谈，今无一不为忏悔之材料。盖由见事未明，修省未到，轻谈大事，自命不凡；亡国罪人，亦不能不自居一分也。此后第努力求学，专求自立为人之道，如足下所谓存其在我者，即得为末等人，亦胜于今之一等脚色矣。

愚见以为居今论政，实不知从何处说起。《洪范》九畴亦只能明夷待访。……至根本救济，远意当从提倡新文学入手，综之，当使吾辈思潮如何能与现代思潮相接触，而促其猛省。而其要义须与一般之人，生出交涉。法须以浅近文艺普遍四周。史家以文艺复兴为中世改革之根本，足下当能语其消息盈虚之理也。(《甲寅》一,十)

这封信，前半为忏悔，后半为觉悟。当日的政论家苦心苦口，确有很可佩服的地方。但他们的大缺点只在不能“与一般之人生出交涉”。这一句话不但可以批评他们的“白芝浩——戴雪——哈蒲浩——蒲徕士”的内容，也可以批评他们的精心结构的政论古文。黄远庸的聪明先已见到这一点了，所以他悬想将来的根本救济当从提倡新文学下手，要用浅近文艺普遍四周，要与一般的人生出交涉来。章士钊答书还不赞成这种话，他说：“必其国政治差良，其度不在水平线下，而后有社会之事可言，文艺其一端也。”黄远庸那年到了美国，不幸被人暗杀了，他的志愿毫无成就；但他这封信究竟可算是中国文学革命的预言。他若在时，他一定是新文学运动的一个同志，正如他同时的许多政论家之中的几个已做新文学运动的同志了。

09

以上七节说的是这五十年的中国古文学。古文学的公同缺点就是不能与一般的人生出交涉。大凡文学有两个主要分子：一是“要有我”，二是“要有人”。有我就是要表现著作人的性情见解，有人就是要与一般的人发生交涉。那无数的模仿派的古文学，既没有我，又没有人，故不值得提起。我们在这七节里提起的一些古文学代表，虽没有人，却还有点我，故还能在文学史上占一个地位。但他们究竟因为不能与一般的人生出交涉来，故仍旧是少数人的贵族文学，仍旧免不了“死文学”或“半死文学”的评判。

现在我们要谈这五十年的“活文学”了。活文学自然要在白话作品里去找。这五十年的白话作品，差不多全是小说。直到近五年内，方才有他类的白话作品出现。我们先说五十年内白话小说，然后讨论近年的新文学。

这五十年内的白话小说出的真不在少数！为讨论的便利起见，我们可以把他们分作南北两组：北方的评话小说，南方的讽刺小说。北方的评话小说可以算是民间的文学，他的性质偏向为人的方面，能使无数平民听了不肯放下，看了不肯放下；但著书的人多半没有什么深刻的见解，也没有什么浓挚的经验。他们有口才，有技术，但没有学问。他们的小说，确能与一般的人生出交涉了，可惜没有我，所以只能成一种平民的消闲文学。《儿女英雄传》《七侠五义》《小五义》《续小五义》等书，属于这一类。南方的讽刺小说便不同了。他们的著者都是文人，往往是有思想有经验的文人。他们的小说，在语言的方面，往往不如北方小说那样漂亮活动；这大概是因为南方人学用北部语言做书的困难。但思想见解的方面，南方的几部重要小说都含有讽刺的作用，都可以算是"社会问题的小说"。他们既能为人，又能有我。《官场现形记》《老残游记》《二十年目睹之怪现状》《恨海》《广陵潮》，……都属于这一类。（南方也有消闲的小说，如《九尾龟》等。）

我们先说北方的评话小说。评话小说自宋以来，七八百年，没有断绝。有时民间的一种评话遇着了一个文学大家，加上了剪裁修饰，便一跳升做第一流的小说了（如《水浒传》）。但大多数的评话——如《杨家将》《薛家将》之类，——始终不曾脱离很幼稚的时代。明、清两朝是小说最发达的时期，内中确有好几部第一流的文学。有了这些好小说做教师，做模范本，所以民间的评话也渐渐的成个样子了，渐渐的可读了。因此，这五十年的评话小说，可以代表评话小说进步最高的时期。当同治末年光绪初年之间，出了一部《儿女英雄传评话》。此书前有雍正十二年和乾隆五十九年的序，都是假托的。雍正年的序内提起《红搂梦》，不知《红楼梦》乃是乾隆中年的作品！故我们据光绪戊寅（1878）马从善的序，定为清宰相勒保之孙文康（字铁仙）做的。文康晚年穷困无聊，作此书消遣。序中说"昨来都门，知先生已归道山"，可知文康死于同治光绪之际，故我们定此书为近五十年前的作品。《七侠五义》初名《三侠五义》，又名《忠烈侠义传》，今本有俞樾的序，说曾听见潘祖荫称赞此书，"虽近时新出而颇可观"。俞序作于光绪十五年（1889），故定为五十年中的作品。此书原著者为石玉昆，但今本已是俞樾改动的本子，原本已不可见了。石玉昆的事迹不可考，大概是当日的一个评话大家。又有《小五义》一部，刻于光绪十六年（1890）；《续小五义》一部，刻于同年的冬间。此二书据说也都是石玉昆的原稿，从他的门徒处得来的。《续小五义》初刻本，尚有潘祖荫的小序，说他捐俸余三十金帮助刻板。这也可见当日的一种风气了。《续小五义》之后，近年来又出了无数的续集，此外还有许多“公案”派的评话，但价值更低，我们不谈了。

《儿女英雄传》的著者虽是一个八旗世家，做过道台，放过驻藏大臣，但他究竟是一个迂陋的学究，没有见解，没有学问。这部书可以代表那“儒教化了的”八旗世家的心理。儒家的礼教本是古代贵族的礼教，不配给平民试行的。满洲人入关以后，处处模仿中国文化，故宗室八旗的贵族居然承受了许多繁缛的礼节。我们读《红楼梦》，便可以看见贾府虽是淫乱腐败，但表面上的家庭礼仪却是非常严厉。一个贾政便是儒教的绝好产儿。《儿女英雄传》更迂腐了。书里的安氏父子，何玉凤，张金凤，都是迂气的结晶。何玉凤在能仁寺杀人救人的时节，忽然想起“男女授受不亲”的圣训来了！安老爷在家中捉到强盗的时候，忽然想起“伤人乎？不问马”的圣训来了！至于书中最得意的部分——安老爷劝何玉凤嫁人一段——更是迂不可当的纲常大义。我们可以说，《儿女英雄传》的思想见解是没有价值的。他的价值全在语言的漂亮俏皮，恢谐有味。旗人最会说话；前有《红楼梦》，后有此书，都是绝好的记录。《儿女英雄传》有意模仿评话的口气，插入许多“说书人打岔”的话，有时颇讨厌，但有时很多诙谐的意味。例如能仁寺的凶僧举刀要杀安公子时，忽然一个弹子飞来，他把身一蹲。

> 谁想他的身子蹲得快，那白光来得更快，噗的一声，一个铁弹子正着在左眼上。那东西进了眼睛，敢是不住要站，一直的奔了后脑杓子的脑瓜骨，咯噔的一声，这才站住了……肉人的眼珠子上要着上这等一件东西，大概比揉进一个沙子去利害。只疼得他哎哟一声，往后便倒。噹啷啷，手里的刀子也扔了。
>
> 那时三儿在旁边，正呆呆的望着公子的胸脯子，要看这回刀尖出彩；只听咕咚一声，他师傅跌倒了。吓了一跳，说，“你老人家怎么了？这准是使猛了劲，岔了气了；等我腾出手来扶起你老人家来啵？”才一转身，毛着腰，要把那铜镟子放在地下，好去搀他师傅，这个当儿，又是照前噗的一声，一个弹子从他左耳朵眼儿里打进去，打了个过膛儿，从右耳朵眼儿里钻出来，一直打到东边那

> 个厅柱上，吧挞的一声，打了一寸来深，进去嵌在木头里边。那三儿只叫得一声“我的妈呀！”——镗——把个铜镟子扔了，——咕咭——也窝在那里了。那铜镟子里的水泼了一台阶子。那镟子唏唧花唧一阵乱响，便滚下台阶去了。（第六回）

这种描写法，虽然不合事实，却很有诙谐趣味；这种诙谐趣味乃是北方评话小说的一种特别风味。

《七侠五义》也没有什么思想见地。他是学《水浒》的；但《水浒》对于强盗，对于官吏，都有一种大胆的见解；《七侠五义》也恨贪官，也恨强盗，——这是北方中国人的自然感想，——但只希望有清官出来用“御铡三刀”和“杏花雨”的苛刑来除掉那些赃官污吏；只希望有侠义的英雄出来，个个投在清官门下做四品护卫或五品护卫，帮着国家除暴安良。这是这些侠义小说和公案小说的公同见解。但《七侠五义》描写人物的技术却是不坏；虽比不上《水浒传》，却也很有点个性的描写。他写白玉堂的气小，蒋平的聪明，欧阳春的镇静，智化的精细，艾虎的活泼，都很有个性的区别。第三十二回至第三十四回写白玉堂结交颜昚敏一节，又痛快，又滑稽，是书中很精采的文字。书中有时也有很感慨的话，如第八十回写智化假装逃荒的，混入皇城作工的第一天，

> 按名点进，到了御河，大家按挡儿做活。智爷拿了一把铁锹撮的比人多，掷的比人远，而且又快。傍边做活的道，“王第二的，你这活计不是这么做”。智爷道，“怎么？”傍边人道，“俗语说的，‘皇上家的工，慢慢儿的蹭。’你要这么做，还能吃的长吗？”智爷道，“做的慢了，他们给饭吃吗？”傍边人道，“都是一样慢了，他能不给谁吃呢？”智爷道，“既是这样，俺就慢慢的。”

这种好文章，可惜不多见；不然，《七侠五义》真成了第一流的小说了。

《小五义》与《续小五义》有许多不通的回目，中间又有许多不通的诗，大不如《七侠五义》。究竟这种幼稚的本子是石玉昆的原本呢？或者，那干净的《七侠五义》大体代表石玉昆的原本而《小五义》以下是假托的呢？那就不容易决定了。《小五义》以下精采甚少，只有一个徐良，写的还有趣。我们不

举例了。

南方的讽刺小说都是学《儒林外史》的。《儒林外史》初刻于乾隆时，后来虽有翻刻本，但太平天国乱后，这部书的传本渐渐少了。乱平以后，苏州有活字本；《申报》的初年有铅字排本，附有金和的跋语，及天目山樵评语。自此以后，《儒林外史》的通行遂多了。但这部书是一种讽刺小说，颇带一点写实主义的技术，既没有神怪的话，又很少英雄儿女的话；况且书里的人物又都是"儒林"中人，谈什么"举业""选政"，都不是普通一般人能了解的，因此，第一流小说之中，《儒林外史》的流行最不广，但这部书在文人社会里的魔力可真不少！一来呢，这是一种创体，可以作批评社会的一种绝好工具。二来呢，《儒林外史》用的语言是长江流域的官话，最普通，最适用。三来呢，《儒林外史》没有布局，全是一段一段的短篇小品连缀起来的；拆开来，每段自成一篇；斗拢来，可长至无穷。这个体裁最容易学，又最方便。因此，这种一段一段没有总结构的小说体就成了近代讽刺小说的普通法式。

我们先说李伯元（常州人，事迹未详）的《官场现形记》。这部书先后共出了六十卷，全是无数不连贯的短篇纪事连缀起来的。全书的体例与方法，最近《儒林外史》。《儒林外史》骂的是儒生，《官场现形记》骂的是官场；《儒林外史》里还有几个好人，《官场现形记》里简直没有一个好官。著者自己说，他那部书是一部做官教科书，

> 前半部是专门指摘他们做官的坏处，好叫他们读了知过必改。后半部方是教导他们做官的法子。如今把这后半部烧了，只剩得前半部；光有这前半部，不像本教科书，倒像部《封神榜》、《西游记》，妖魔鬼怪一齐都有。（第六十卷）

其实当时官场的腐败已到了极点，这种材料遍地皆是，不过等到李伯元方才有这一部穷形尽相的"大清官国活动写真"出现，替中国制度史留下无数绝好的材料。这部书的初集有光绪癸卯年（1903）茂苑、惜秋生的序，痛论官的制度：

> ……选举之法兴则登进之途杂，士废其读，农废其耕，工废其

技，商废其业，皆注意于官之一字。盖官者有士农工商之利而无士农工商之劳者也。天下爱之至深者，谋之必善；慕之至切者，求之必工。于是乎有脂韦滑稽者，有夤缘奔竞者，而官之流品已极紊乱。

限资之例，始于汉代。……开捐纳之先路，导输助之滥觞。所谓衣食足而知荣辱者，直是欺人之谈！……乃至行博奔之道，掷为孤注，操贩鬻之行，居为奇货。其情可想，其理可推矣。沿至于今，变本加厉；凶年饥馑，旱干水溢，皆得援救助之例，邀奖励之恩。而所谓官者乃日出而未有穷，不至充塞宇宙不止！

官者，辅天子则不足，压百姓则有余。……有语其后者，刑罚出之；有诮其旁者，拘系随之。……于是官之气愈张，官之焰愈烈。羊狠狼贪之技，他人所不忍出者，而官出之；蝇营狗苟之行，他人所不屑为者，而官为之。……国衰而官强，国贫而官富；孝弟忠信之旧，败于官之身；礼义廉耻之遗，坏于官之手。而官之所以为人诟病，为人轻亵者，盖非一朝一夕之故，其所由来者渐矣！

《官场现形记》的主意只是要人人感觉官是世间最可恶又最下贱的东西。如卷四写黄道台的门房戴升鼻子里哼的冷笑一声，说：

等着罢，我是早把铺盖卷好等着的了。想想做官的人也真是作孽。你瞧他升了官，一个样子；今儿参掉官，又是一个样子。不比我们当家人的，辞了东家，还有西家，一样吃他妈的饭。做官的可只有一个皇帝，逃不到那里去的！

又如卷八陶子尧对着堂子里的娘姨说他的官运，他说：

我们做官的人，说不定今天在这里，明天就在那里，自己是不能作主的。

新嫂嫂说：

难末大人做官格身体，搭子“讨人身体”差勿多哉……堂子里格小姐……卖拨勒人家，或者是押帐，有仔管头，自家做勿动主，才叫做“讨人身体”格。耐笃做官人，自家做勿动主，阿是一样格？

陶子尧道：

你这人真是瞎来来！我们的官是拿银子捐来的，又不是卖身，同你们堂子里一个买进一个卖出，真正天悬地隔。

不过这个区别实在很微细。卷十四写江山船上的一个妓女龙珠对周老爷说：

我十五岁上跟着我娘到过上海一荡，人家都叫我清倌人，我肚里好笑。我想我们的清倌人也同你们老爷们一样。……

去年八月里江山县钱太老爷在江头雇了我们的船，同了太太去上任。听说这钱太老爷在杭州等缺，等了二十几年，穷的了不得，连什么都当了。好容易才熬到去上任。他一共一个太太，两个少爷，九个小姐。大少爷已经三十多岁，还没有娶媳妇。从杭州动身的时候，一家门的行李不上五担，箱子都很轻的。到了今年八月里，预先写信叫我们的船上来接他回杭州。等到上船那一天，红皮衣箱一多就多了五十几只，别的还不算。上任的时候，太太戴的是镀金的簪子；等到走，连那小少爷的奶妈，一个个都是金耳坠子了！钱太老爷走的那一天，还有人送了他好几把万民伞。大家一齐说老爷是清官，不要钱，所以人家才肯送他这些东西。我肚皮里好笑，老爷不要钱，这些箱子是那里来的呢？……瞒得过我吗？做官的入，得了钱，自己还要说是清官，同我们吃了这碗饭一定要说是清倌人，岂不是一样的吗？

周老爷听了他的话，气的一句话也说不出，倒反朝着他笑；歇了半天，才说得一句“你比方的不错”。

李伯元除了《官场现形记》之外，还有一部《文明小史》，也是“《儒林外史》式”的讽刺小说。

吴沃尧，字趼人，是广东南海的佛山人，故自称“我佛山人”。当梁启超在日本创办《新小说》时，吴沃尧的《二十年目睹之怪现状》（以下省称《怪现状》）的第一部分就在《新小说》上发表。那个时候，——光绪癸卯甲辰（1903—1904）——大家已渐渐的承认小说的重要，故梁启超办了《新小说》杂志，商务印书馆也办了一个《绣像小说》杂志，不久又有《小说林》出现。文人创作小说也渐渐的多了。《怪现状》《文明小史》《老残游记》《孽海花》……都是这个时代出来的。《怪现状》也是一部讽刺小说，内容也是批评家庭社会的黑幕。但吴沃尧曾经受过西洋小说的影响，故不甘心做那没有结构的杂凑小说。他的小说都有点布局，都有点组织。这是他胜过同时一班作家之处。《怪现状》的体例还是散漫的，还含有无数短篇故事；但全书有个“我”做主人，用这个“我”的事迹做布局纲领，一切短篇故事都变成了“我”二十年中看见或听见的怪现状。即此一端，便与《官场现形记》《文明小史》不同了。

但《怪现状》还是《儒林外史》的产儿；有许多故事还是勉强穿插进去的。后来吴沃尧做小说的技术进步了，他的《恨海》与《九命奇冤》便都成了有结构有布局的新体小说。《恨海》写的是婚姻问题。一个广东的京官陈戟临有两个儿子：大的伯和，聘定同居张家的女儿棣华；小的仲蔼，聘定同居王家的女儿娟娟。后来拳匪之乱陈戟临一家被杀；伯和因护送张氏母女出京，中途冲散；仲蔼逃难出京。伯和在路上发了一笔横财，就狂嫖阔赌，吃上了鸦片烟，后来沦落做了叫化子。张家把他访着，领回家养活；伯和不肯戒烟，负气出门，仍病死在一个小烟馆里。棣华为他守了多少年，落得这个下场；伯和死后，棣华就出家做尼姑去了。仲蔼到南方，访寻王家，竟不知下落；他立志不娶，等候娟娟；后来在席上遇见娟娟，原来他已做了妓女了。这两层悲剧的下场，在中国小说里颇不易得。但此书叙事颇简单，描写也不很用气力，也不能算是全德的小说。

《九命奇冤》可算是中国近代的一部全德的小说。他用百余年前广东一件人命案做布局，始终写此一案，很有精采。书中也写迷信，也写官吏贪污，也写人情险诈；但这些东西都成了全书的有机部分，全不是勉强拉进来借题骂人的。讽刺小说的短处在于太露，太浅薄；专采骂人材料，不加组织，使人看多了觉得可厌。《九命奇冤》便完全脱去了恶套；他把讽刺的动机压下去，做了附属的材料；然而那些附属的讽刺的材料在那个大情节之中，能使看的人觉得格外真实，格外动人。例如《官场现形记》卷四卷五写藩台的兄弟三荷包代哥哥卖缺，写的何尝不好？但是看书的人看过了只像看了报纸的一段新闻一样，觉得好笑，并不觉得动人。《九命奇冤》第二十回写黄知县的太太和舅老爷收梁家的贿赂一节，一样是滑稽的写法，但在那八条人命的大案里，这种得贿买放的事便觉得格外动人，格外可恶。

《九命奇冤》受了西洋小说的影响，这是无可疑的。开卷第一回便写凌家强盗攻打梁家，放火杀人。这一段事本应该在第十六回里，著者却从第十六回直提到第一回去，使我们先看了这件烧杀八命的大案，然后从头叙述案子的前因后果。这种倒装的叙述，一定是西洋小说的影响。但这还是小节；最大的影响是在布局的谨严与统一。中国的小说是从“演义”出来的。演义往往用史事做间架，这一朝代的事“演”完了，他的平话也收场了。《三国》《东周》一类的书是最严格的演义。后来作法进步了，不肯受史事的严格限制，故有杜撰的演义出现。《水游》便是一例。但这一类的小说，也还是没有布局的；可以插入一段打大名府，也可以插入一段打青州；可以添一段破界牌关，也可以添一段破诛仙阵；可以添一段捉花蝴喋，也可以再添一段捉白菊花，……割去了，仍可成书；拉长了，可至无穷。这是演义体的结构上的缺乏。《儒林外史》虽开一种新体，但仍是没有结构的；从山东汶上县说到南京，从夏总甲说到丁言志；说到杜慎卿，已忘了娄公子；说到凤四老爹，已忘了张铁臂了。后来这一派的小说，也没有一部有结构布置的。所以这一千年的小说里，差不多都是没有布局的。内中比较出色的，如《金瓶梅》，如《红楼梦》，虽然拿一家的历史做布局，不致十分散漫，但结构仍旧是很松的；今年偷一个潘五儿，明年偷一个王六儿；这里开一个菊花诗社，那里开一个秋海棠诗社；今回老太太做生日，下回薛姑娘做生日，……翻来覆去，实在有点讨厌。《怪现状》想用《红楼梦》的间架来支配《官场现形记》的材料，故那个主人“我”跑来跑去，到南京就见着听着南京的许多故事，到上海便见着听着上海的许多故事，到广东便见着听着广东的许多故事。其实这都是很松的组织，很勉强的支配，很不自然的布局。《九命奇冤》便不同了。他用中国讽刺小说的技术来写家庭与官场，用中国北方强盗小说的技术来写强盗与强盗的军师，但他又用西洋侦探小说的布局来做一个总结构。繁文一概削尽，枝叶一齐扫光，只剩这一个大命案的起落因果做一个中心题目。有了这个统一的结构，又没有勉强的穿插，故看的人的兴趣自然能自始至终不致厌倦。故《九命奇冤》在技术一方面要算最完备的一部小说了。

和吴沃尧、李伯元同时的，还有一个刘鹗，字铁云，丹徒人，也是一个小说好手。刘鹗精通算学，研究治河的方法，曾任光绪戊子（1888）郑州的河工，又曾在山东巡抚张曜的幕府里，作了治河七策。后来山东巡抚福润保荐他"奇才"，以知府用。他住北京两年，上书请筑津镇铁路，不成；又为山西巡抚与英国人订约开采山西的矿。当时人都叫他做"汉奸"，因为他同外国人往来，能得他们的信用。后来拳匪之乱（1900）联军占据北京，京城居民缺乏粮食，很多饿死的；他就带了钱进京，想设法赈济；那俄国兵占住太仓，太仓多米而欧洲人不吃米；他同俄国人商量，用贱价把太仓的米都粜出来，用贱价粜给北京的居民，救了无数的人。后数年，有大臣参他"私售仓粟"，把他充军到新疆，后来他就死在新疆。二十多年前，河南彰德府附近发现了许多有古文字的龟甲兽骨，刘鹗是研究这种文字最早的一个人，曾印有《铁云藏龟》一书。（以上记刘鹗的事迹，全根据罗振玉的《五十日梦痕录》。我因为外间知道他的人很不多，故摘抄大概于此。）

刘鹗著的《老残游记》，与李伯元的《文明小史》同时在《绣像小说》上发表。这部书的主人老残，姓铁，名英，是他自己的托名。书中写的风景经历，也都带着自传的性质。书中的庄抚台即是张曜，玉贤即是毓贤；论治河的一段也与罗振玉作的传相符。书中写申子平在山中遇着黄龙子玙姑一段，荒诞可笑，钱玄同说他是"老新党头脑不甚清晰的见解"真是不错。书末把贾家冤死的十三人都从棺材里救活回来，也是无谓之至。但除了这两点之外，这部书确是一部很好的小说。他写玉贤的虐政，写刚弼的刚愎自用，都是很深刻的；大概他的官场经验深，故与李伯元、吴沃尧等全是靠传闻的，自然大不相同了。他写娼妓的问题，能指出这是一个生计的问题，不是一个道德的问题，这种眼光也就很可佩服了。他写史观察（上海施善昌）治河的结果，用极具体的写法，使人知道误信古书的大害（第十三回至十四回）。这是他生平一件最关心的事，故他写的这样真切。

但《老残游记》的最大长处在于描写的技术。第二回写白妞说大鼓书的一大段，读的人大概没有不爱的。我们引一小段作例：

> 王小玉……唱了几句书儿，声音初不甚响；……唱了十数句之后，渐渐的越唱越高；忽然拔了一个尖儿，像一线钢丝抛入天际，听的人不禁暗暗叫绝。那知他于那极高的地方，尚能回环转折；几啭之后，又高一层；接连有三四叠，节节高起。恍如由傲来峰西面攀登泰山的景象；初看傲来峰削壁千仞，以为上与天齐；及至翻到傲来峰，才见扇子崖更在傲来峰上；及至翻到扇子崖，又见南天门更在扇子崖上。愈翻愈险，愈险愈奇。那王小玉唱到极高的三四叠后，陡然一落，又极力骋其千回百折的精神，如一条飞蛇在黄山三十六峰半中腰里盘旋穿插，顷刻之间，周匝数遍。……

这一段虽是很好，但还用了许多譬喻，算不得最高的描写工夫。第十二回写老残在齐河县看黄河里打冰一大段，写的更为出色。最好的是看打冰那天的晚上，老残到堤上闲步，

> 抬起头来，看那南面山上一条白光，映着月色，分外好看。一层一层的山岭，却分辨不清；又有几片白云在那里面，所以分不出是云是山。及至定睛看去，方才看出那是云那是山来。虽然云是白的，山也是白的，云有亮光，山也有亮光；只为月在云上，云在月下，所以云的亮光从背后透过来；那山却不然，山的亮光由月光照到山上，被那山上的雪反射过来，所以光是两样了。然只稍近的地方如此。那山望东去，越望越远，天也是白的，山也是白的，云也是白的，就分辨不出来了。

只有白话的文学里能产生这种绝妙的“白描”美文来。

以上略述这五十年的白话小说。民国成立时，南方的几位小说家都已死了，小说界忽然又寂寞起来。这时代的小说只有李涵秋的《广陵潮》还可读；

但他的体裁仍旧是那没有结构的《儒林外史》式。至于民国五年出的“黑幕”小说，乃是这一类没有结构的讽刺小说的最下作品，更不值得讨论了。北京平话小说近年来也没有好作品比得《儿女英雄传》或《七侠五义》的。

10

现在我们要说这五六年的文学革命运动了。

中国的古文在二千年前已经成了一种死文字。所以汉武帝时丞相公孙弘奏称“诏书律令下者，……文章尔雅，训辞深厚，恩施甚美；小吏浅闻，不能究宣，无以明布谕下”。那时代的小吏已不能了解那文章尔雅的诏书律令了。但因为政治上的需要，政府不能不提倡这种已死的古文；所以他们想出一个法子来鼓励民间研究古文：凡能“通一艺以上”的，都有官做，“先用诵多者”。这个法子起于汉朝，后来逐渐修改，变成“科举”的制度。这个科举的制度延长了那已死的古文足足二千年的寿命。

但民间的白话文学是压不住的。这二千年之中，贵族的文学尽管得势，平民的文学也在那里不声不响的继续发展。汉魏六朝的“乐府”代表第一时期的白话文学。乐府的真美是遮不住的，所以唐代的诗也很多白话的，大概是受了乐府的影响。中唐的元稹、白居易更是白话诗人了。晚唐的诗人差不多全是白话或近于白话的了。中唐、晚唐的禅宗大师用白话讲学说法，白话散文因此成立。唐代的白话诗和禅宗的白话散文代表第二时期的白话文学。但诗句的长短有定，那一律五字或一律七字的句子究竟不适宜于白话；所以诗一变而为词。词句长短不齐，更近说话的自然了。五代的白话词，北宋柳永、欧阳修、黄庭坚的白话词，南宋辛弃疾一派的白话词，代表第三时期的白话文学。诗到唐末，有李商隐一派的妖孽诗出现，北宋杨亿等接着，造为“西昆体”。北宋的大诗人极力倾向解放的方面，但终不能完全脱离这种恶影响。所以江西诗派，一方面有很近白话的诗，一方面又有很坏的古典诗。直到南宋杨万里、陆游、范成大三家出来，白话诗方才又兴盛起来。这些白话诗人也属于这第三时期的白话文学。南宋晚年，诗有严羽的复古派，词有吴文英的古典派，都是背时的反动。然而北方受了契丹、女真、蒙古三大征服的影响，古文学的权威减少了，民间的文学渐渐起来。金、元时代的白话小曲——如《阳春白雪》和《太平乐府》两集选载的——和白话杂剧，代表这第四时期的白话文学。明朝的文学又是复古派战胜了；八股之外，诗词的散文都带着复古的色彩，戏剧也变成又长又酸的传奇了。但是白话小说可进步了。白话小说起于宋代，传至元代，还不曾脱离幼稚的时期。到了明朝，小说方才到了成人时期；《水浒传》、《金瓶梅》、《西游记》都出在这个时代。明末的金人瑞竟公然宣言"天下之文章无出《水浒传》右者"，清初的《水浒后传》，乾隆一代的《儒林外史》与《红楼梦》，都是很好的作品。直到这五十年中，小说的发展始终没有间断。明、清五百多年的白话小说，代表第五时期的白话文学。

这五个时期的白话文学之中，最重要的是这五百年中的白话小说。这五百年之中，流行最广，势力最大，影响最深的书，并不是《四书五经》，也不是性理的语录，乃是那几部"言之无文行之最远"的《水浒》《三国》《西游》《红楼》。这些小说的流行便是白话的传播；多卖得一部小说，便添得一个白话教员。所以这几百年来，白话的知识与技术都传播的很远，超出平常所谓"官话疆域"之外。试看清朝末年南方作白话小说的人，如李伯元是常州人，吴沃尧是广东人，便可以想见白话传播之远了。但丁（Dante）鲍高嘉（Boccacio）的文学，规定了意大利的国语；嘉叟（Chaucer）卫克烈夫（Wycliff）的文学，规定了英吉利的国语；十四五世纪的法兰西文学，规定了法兰西的国语。中国国语的写定与传播两方面的大功臣，我们不能不公推这几部伟大的白话小说了。

中国的国语早已写定了，又早已传播的很远了，又早已产生了许多第一流的活文学了，——然而国语还不曾得全国的公认，国语的文学也还不曾得大家的公认：这是因为什么缘故呢？这里面有两个大原因：一是科举没有废止，一是没有一种有意的国语主张。

科举一日不废，古文的尊严一日不倒。在科举制度之下，居然能有那无数的白话作品出现，功名富贵的引诱居然买不动施耐庵、曹雪芹、吴敬梓，政府的权威居然压不住《水浒》《西游》《红楼》的产生与流传：这已经是中国文学史上最徼幸又最光荣的事了。但科举的制度究竟能使一般文人钻在那墨卷古文堆里过日子，永远不知道时文古文之外还有什么活的文学。倘使科举制度至今还存在，白话文学的运动决不会有这样容易的胜利。

1904 年以后，科举废止了。但是还没有人出来明明白白的主张白话文学二十多年以来，有提倡白话报的，有提倡白话书的，有提倡官话字母的，有提倡简字字母的：这些人难道不能称为“有意的主张”吗？这些人可以说是“有意的主张白话”，但不可以说是“有意的主张白话文学”。他们的最大缺点是把社会分作两部分：一边是“他们”，一边是“我们”一边是应该用白话的“他们”，一边是应该做古文古诗的“我们”。我们不妨仍旧吃肉，但他们下等社会不配吃肉，只好抛块骨头给他们吃去罢。这种态度是不行的。

1916年以来的文学革命运动，方才是有意的主张白话文学。这个运动有两个要点与那些白话报或字母的运动绝不相同。第一，这个运动没有“他们”“我们”的区别。白话并不单是“开通民智”的工具，白话乃是创造中国文学的唯一工具。白话不是只配抛给狗吃的一块骨头，乃是我们全国人都该赏识的一件好宝贝。第二，这个运动老老实实的攻击古文的权威，认他做“死文学”。从前那些白话报的运动和字母的运动，虽然承认古文难懂，但他们总觉得“我们上等社会的人是不怕难的：吃得苦中苦，方为人上人”。这些“人上人”大发慈悲心，哀念小百姓无知无识，故降格做点通俗文章给他们看。但这些“人上人”自己仍旧应该努力模仿汉、魏、唐、宋的文章。这个文学革命便不同了；他们说，古文死了二千年了，他的不孝子孙瞒住大家，不肯替他发丧举哀；现在我们来替他正式发讣文，报告天下：“古文死了！死了两千年了！你们爱举哀的，请举哀罢！爱庆祝的，也请庆祝罢！”

这个“古文死了两千年”的讣文出去之后，起初大家还不相信；不久，就有人纷纷议论了；不久，就有人号咷痛哭了。那号咷痛哭的人，有些哭过一两场，也就止哀了；有些一头哭，一头痛骂那些发讣文的人，怪他们不应该做这种“大伤孝子之心”的恶事；有些从外国奔丧回来，虽然素同死者没有多大交情，但他们听见哭声，也忍不住跟着哭一场，听见骂声，也忍不住跟着骂一场。所以这种哭声骂声至今还不曾完全停止。但是这个死信是不能再瞒的了，倒不如爽爽快快说穿了，叫大家痛痛快快哭几天，不久他们就会“节哀尽礼”的；即使有几个“终身孺慕”的孝子，那究竟是极少数人，也顾不得了。

文学革命的主张，起初只是几个私人的讨论，到民国六年（1917）一月方才正式在杂志上发表。第一篇胡适的《文学改良刍议》还是很和平的讨论。胡适对于文学的态度，始终只是一个历史进化的态度。故他这一篇的要点是：

文学者，随时代而变迁者也。一时代有一时代之文学，……因时进化，不能自止。唐人不当作商周之诗，宋人不当作相如子云之赋，——即令作之，亦必不工。逆天背时，违进化之迹，故不能工也。……

以今世历史进化的眼光观之，则白话文学之为中国文学之正宗，又为将来文学必用之利器，可断言也。

后来他的《历史的文学观念论》说的更详细：

居今日而言文学改良，当注重“历史的文学观念”。一言以蔽之曰：一时代有一时代之文学。此时代与彼时代之间，虽皆有承前启后之关系，而决不容完全抄袭；其完全抄袭者，决不成为真文学。愚惟深信此理，故以为古人已造古人之文学，今人当造今人之文学。……纵观古今文学变迁之趋势，……白话之文学，自宋以来，虽见屏于古文家，而终一线相承，至今不绝。……岂不以此为吾国文学趋势自然如此，故不可禁遏而日以昌大耶？……吾辈之攻古文家，正以其不明文学之趋势，而强欲作一千年二千年以上之文。此说不破，则白话之文学无有列为文学正宗之一日，而世之文人将犹鄙薄之，以为小道邪径而不肯以全力经营造作之。……夫不以全副精神造文学而望文学之发生，此犹不耕而求获，不食而求饱也，亦终不可得矣。施耐庵、曹雪芹诸人所以能有成者，正赖其有特别毅力，能以全力为之耳。

胡适自己常说他的历史癖太深，故不配作革命的事业。文学革命的进行，最重要的急先锋是他的朋友陈独秀。陈独秀接着《文学改良刍议》之后，发表了一篇《文学革命论》（六年二月），正式举起“文学革命”的旗子。他说：

余甘冒全国学究之敌，高张“文学革命军”大旗，以为吾友之声援。

旗上大书吾革命军三大主义：

> 曰推倒雕琢的，阿谀的贵族文学，建设平易的，抒情的国民文学。
> 曰推倒陈腐的，铺张的古典文学；建设新鲜的，立诚的写实文学。
> 曰推倒迂晦的，艰涩的山林文学；建设明了的，通俗的社会文学。

陈独秀的特别性质是他的一往直前的定力。那时胡适远在美洲，曾有信给独秀说：

> 此事之是非，非一朝一夕所能定，亦非一二人所能定。甚愿国中人士能平心静气与吾辈同力研究此问题。讨论既熟，是非自明。吾辈已张革命之旗，虽不容退缩，然亦不敢以吾辈所主张为必是而不容他人之匡正也。（六年四月九日）

可见胡适当时承认文学革命还在讨论的时期。他那时正在用白话作诗词，想用实地试验来证明白话可以作韵文的利器，故自取集名为《尝试集》。他这种态度太和平了。若照他这个态度做去，文学革命至少还须经过十年的讨论与尝试。但陈独秀的勇气恰好补救这个太持重的缺点。独秀答书说：

> 鄙意容纳异议，自由讨论，固为学术发达之原则；独至改良中国文学当以白话为文学正宗之说，其是非甚明，必不容反对者有讨论之余地；必以吾辈所主张者为绝对之是而不容他人之匡正也。

这种态度，在当日颇引起一般人的反对。但当日若没有陈独秀"必不容反对者有讨论之余地"的精神，文学革命的运动决不能引起那样大的注意。反对即是注意的表示。

民国六年的《新青年》里有许多讨论文学的通信，内中钱玄同的讨论很多可以补正胡适的主张。民国七年一月，《新青年》重新出版，归北京大学教授陈独秀、钱玄同、沈尹默、李大钊、刘复、胡适六人轮流编辑。这一年的《新青年》（四卷五卷）完全用白话做文章。七年四月有胡适的《建设的文学革命论》，大旨说：

> 我的“建设新文学论”的唯一宗旨只有十个大字：“国语的文学，文学的国语”。我们所提倡的文学革命只是要替中国创造一种国语的文学。有了国语的文学，方才可以有文学的国语。有了文学的国语，我们的国语方才算得真正国语。

这篇文章名为“建设的”，其实还是破坏的方面最有力。他说：

> 这二千年的文人所做的文学.都是死的，都是用已经死了的语言文字做的，死文字决不能产出活文学。……简单说来，自从《三百篇》到于今，中国的文学凡是有一些儿价值有一些儿生命的，部是白话的，或是近于白话的。……中国若想有活文学，必须用白话，必须用国语，必须做国语的文学。

这就是上文说的替古文发丧举哀了。在“建设的”方面，这篇文章也有一点贡献。他说：

> 若要造国语，先须造国语的文学，有了国语的文学，自然有国语。……真正有功效有势力的国语教科书便是国语的文学，便是国语的小说诗文戏本。国语的小说诗文戏本通行之日，便是中国国语成立之时。……中国将来的新文学用的白话，就是将来中国的标准国语。造将来白话文学的人，就是制定标准国语文学的人。

这篇文章把从前胡适、陈独秀的种种主张都归纳到十个字，其实又只有“国语的文学”五个字。旗帜更明白了，进行也就更顺利了。

这一年的文学革命，在建设的方面，有两件事可记，第一，是白话诗的试验。胡适在美洲做的白话诗还不过是刷洗过的文言诗；这是因为他还不能抛弃那五言七言的格式，故不能尽量表现白话的长处。钱玄同指出这种缺点来，胡适方才放手去做那长短无定的白话诗。同时沈尹默、周作人、刘复等也加入白话诗的试验。这一年的作品虽不很好，但技术上的训练是很重要的。第二，是欧洲新文学的提倡。北欧的 Ibsen，Strindberg，Anderson；东欧的 Dostojevski，Kuprin，Tolstoi；新希腊的 Ephtaliotis；波兰的 Seinkiewicz：这一年之中，介绍了些这人的文学进来。在这一方面，周作人的成绩最好。他用的是直译的方法，严格的尽量保全原文的文法与口气。这种译法，近年来很有人仿效，是国语的欧化的一个起点。

民国七年冬天，陈独秀等又办了一个《每周评论》，也是白话的。同时北京大学的学生傅斯年、罗家伦、汪敬熙等出了一个白话的月刊，叫做《新潮》，英文名字叫做 The Renaissance，本义即是欧洲史上的"文艺复兴时代"。这时候，文学革命的运动已经鼓动了一部分少年人的想像力，故大学学生有这样的响应。《新潮》初出时，精采充足，确是一支有力的生力军。民国八年开幕时，除了《新青年》《新潮》《每周评论》之外，北京的《国民公报》也有好几篇响应的白话文章。从此以后，响应的渐渐的更多了。

但响应的多了，反对的也更猛烈了。大学内部的反对分子也出了一个《国故》，一个《国民》，都是拥护古文学的。校外的反对党竟想利用安福部的武人政客来压制这种新运动。八年二三月间，外间谣言四起，有的说教育部出来干涉了，有的说陈、胡、钱等已被驱逐出京了。这种谣言虽大半不确，但很可以代表反对党心理上的愿望。当时古文家林纾在《新申报》上做了好几篇小说痛骂北京大学的人。内中有一篇《妖梦》，用元绪影北大校长蔡元培，陈恒影陈独秀，胡亥影胡适；那篇小说太龌龊了，我们不愿意引他。还有一篇《荆生》，写田必美（陈）、金心异（钱）、狄莫（明）三人聚谈于陶然亭，田生大骂孔子，狄生主张白话；忽然隔壁一个"伟丈夫"

> 趆足超过破壁，指三人曰，"汝适何言？……尔乃敢以禽兽之言，乱吾清德！"田生尚欲抗辩，伟丈夫骈二指按其首，脑痛如被锥刺；更以足践狄莫，狄腰痛欲断。金生短视，丈夫取其眼镜掷之，则怕死如蝟，泥首不已。丈夫笑曰，"尔之发狂似李贽，直人间之怪物。今日吾当以香水沐吾手足，不应触尔背天反常禽兽之躯干。尔可鼠窜下山，勿污吾简。……留尔以俟鬼诛。"

这种话很可以把当时的卫道先生们的心理和盘托出。这篇小说的末尾有林纾的附论，说：

> 如此混浊世界，亦但有田生、狄生足以自豪耳！安有荆生？

这话说的很可怜。当日古文家很盼望有人出来作荆生，但荆生究竟不可多得。他们又想运动安福部的国会出来弹劾教育总长和北京大学校长，后来也失败了。

八年三月间，林纾作书给蔡元培，攻击新文学的运动；蔡元培也作长书答他。这两书很可以代表当日“新旧之争”的两方面，故我们摘抄几节。林书说：

> ……大学为全国师表，五常之所系属。近者谣诼纷集，我公必有所闻。……弟年垂七十；富贵功名，前三十年视若死灰；今笃老，尚抱守残缺，至死不易其操。前年梁任公倡马、班革命之说，弟闻之失笑。任公非劣，何为作此媚世之言？马、班之书，读者几人？将不革而自革，何劳任公费此神力？
>
> 若云死文字有碍生学术，则科学不用古文，古文亦无碍科学。英之迭更累斥希腊、拉丁、罗马之文为死物，而至今仍存者，迭更虽躬负盛名，固不能用私心以蔑古。矧吾国人尚有何人如迭更者耶？……
>
> 且天下惟有真学术，真道德，始足独树一帜，使人景从。若尽废古书，行用土语为文字，则都下引车卖浆之徒所操之语，按之皆有文法，……则凡京津之稗贩皆可用为教授矣。若《水浒》《红楼》皆白话之圣，并足为教科之书，不知《水浒》中辞吻多采岳珂之《金陀萃编》,《红楼》亦不止为一人手笔，作者均博极群书之人。总之，非读破万卷，不能为古文，亦并不能为白话。若化古子之言为白话演说，亦未尝不是。按《说文》“演，长流也”，亦有延之广之之义，法当以短演长，不能以古子之长演为白话之短。……（以下论“新道德”一节，从略。）
>
> 今全国父老以子弟托公，愿公留意，以守常为是。……此书上后，可不乂示覆；唯静盼好音，为国民端其趋向。……林纾顿首。

蔡元培答书对于“尽废古书，行用土语为文字”一点，提出三个答案。但蔡书的最重要之点并不在驳论，——因为原书本不值得一驳，——乃在末段的宣言。他说：

> 至于弟在大学，则有两种主张：
>
> 1. 对于学说，仿世界各大学通例，循思想自由原则，取兼容并包主义。……无论有何种学派，苟其言之成理，持之有故，尚不达自然淘汰之运命者，虽彼此相反，悉听其自由发展。
>
> 2. 对于教员，以学诣为主；……其在校外之言动，悉听自由，本校从不过问，亦不能代负责任。……

蔡元培自己也主张白话，他曾说：

> 我们中国文言同拉丁文一样，所以我们不能不改用白话。……虽现在白话的组织不完全，可是我们决不可错了这个趋势。（在北京高等师范国文部演说）

他又说：

> 我敢断定白话派一定占优胜。……将来应用文一定全用白话；但美术文或者有一部分仍用文言。（在北京女子高等师范演说）

林、蔡的辩论是八年三月中间的事。过了一个多月，巴黎和会的消息传来，中国的外交完全失败了。于是有“五四”的学生运动，有“六三”的事件，全国的大响应居然逼迫政府罢免了曹汝霖、陆宗舆、章宗祥三人。这时代，各地的学生团体里忽然发生了无数小报纸，形式略仿《每周评论》，内容全用白话。此外又出了许多白话的新杂志。有人估计，这一年（1919）之中，至少出了四百种白话报。内中如上海的《星期评论》，如《建设》，如《解放与改造》（现名“改造”），如《少年中国》，都有很好的贡献。一年以后，日报也渐渐的改了样子了。从前日报的附张往往记载戏子妓女的新闻，现在多改登白话的论文译著小说新诗了。北京的《晨报》副刊，上海《民国日报》的《觉悟》，《时事新报》的《学灯》，在这三年之中，可算是三个最重要的白话文的机关。时势所趋，就使那些政客军人办的报也不能不寻几个学生来包办一个白话的附张了。民国九年以后，国内几个持重的大杂志，如《东方杂志》，《小说月报》，……也都渐渐的白话化了。

民国八年的学生运动与新文学运动虽是两件事，但学生运动的影响能使白话的传播遍于全国，这是一大关系；况且“五四”运动以后，国内明白的人渐渐觉悟“思想革新”的重要，所以他们对于新潮流，或采取欢迎的态度，或采取研究的态度，或采取容忍的态度，渐渐的把从前那种仇视的态度减少了，文学革命的运动因此得自由发展，这也是一大关系。因此，民国八年以后，白话文的传播真有“一日千里”之势。白话诗的作者也渐渐的多起来了。民国九年，教育部颁布了一个部令，要国民学校一二年的国文，从九年秋季起，一律改用国语。又令：

> 凡照旧制编辑之国民学校国文教科书，其供第一第二两学年用者，一律作废；第三学年用书，准用至民国十年为止；第四学年用书，准用至民国十一年为止。

依这个次序，须到今年（1922年），方才把国民学校的国文完全改成国语。但教育制度是上下连接的；牵动一发，便可摇动全身。第一二年改了国语，初级师范就不能不改了，高等小学也多跟着改了。初级师范改了，高等师范也就不能不改动了。中学校也有许多自愿采用国语文的。教育部这一次的举动虽是根据于民国八年全国教育会的决议，但内中很靠着国语研究会会员的力量。国语研究会是民国五年成立的，内中出力的会员多半是和教育部有关系的。国语文学的运动成熟以后，国语教科书的主张也没有多大阻力了，故国语研究会能于傅岳芬做教育次长代理部务的时代，使教育部做到这样重要的改革。

还有一件事，虽然与文学革命的运动没有多大的关系，却也是应该提及的。民国元年，教育部召集了一个读音统一会，讨论读音统一的问题。读音统一会议定了三十九个“注音字母”。这一副字母，本来不过用来注音，“以代反切之用”的。当初的宗旨，全在统一汉文的读音，并不曾想到白话上去，也不曾有多大的奢望。七年十一月，教育部把这副字母正式颁布了。八年四月，教育部重新颁布注音字母的新次序（吴敬恒定的）。八年九月，《国音字典》出版。这个时候，国语的运动已快成熟了，国语教育的需要已是公认的了；所以当日“代反切之用”的注音字母，到这时候就不知不觉的变成国语运动的一部分了，就变成中华民国的国语字母了。

民国九年十年（1920—1921），白话公然叫做国语了。反对的声浪虽然不曾完全消灭，但始终没有一种“持之有故，言之成理”的反对论。今年（1922）南京出了一种《学衡》杂志，登出几个留学生的反对论，也只能谩骂一场，说不出什么理由来。如梅光迪说的：

> 彼等非思想家，乃诡辩家也。……夫古文与八股何涉？而必并为一谈。吾国文学，汉魏六朝则骈体盛行，至唐宋则古文大昌，宋、元以来又有白话体之小说戏曲。彼等乃谓文学随时代而变迁，以为今人当兴文学革命，废文言而用白话。夫革命者，以新代旧，以此易彼之谓。若古文之递兴，乃文学体裁之增加，实非完全变迁，尤非革命也。诚如彼等所云，则古文之后，当无骈体；白话之后，当无古文。而何以唐、宋以来文学正宗与专门名家皆为作古文或骈体之人？此吾国文学史上事实，岂可否认以圆其私说者乎？……

这种议论真是无的放矢。正为古文之后还有那背时的骈文，白话已兴之后还有那背时的骈文古文，所以有革命的必要。若“古文之后无骈体，白话之后无古文”，那就用不着谁来提倡有意的革命了。又如胡先骕说的：

> 胡君（胡适）……以过去之文字为死文字，现在白话中所用之字为活文字；……而以希腊、拉丁文以比中国古文，以英、德、法文以比中国白话。（比字上两个以字，皆依原文）……以不相类之事，相提并论，以图眩世欺人而自圆其说，予诚无法以谅胡君之过矣。希腊、拉丁文之于英、德、法，外国文也。苟非国家完全为人所克服，人民完全与他人所同化，（与字所字皆依原文）自无不用

> 本国文字以作文学之理。至意大利之用塔斯干方言为（原作之）国语之故，亦由于罗马分崩已久，政治中心已有转移，而塔斯干方言已占重要之位置，而有立为国语之必要也。希腊、拉丁文之于英、德、法文，恰如汉文与日本文之关系。今日人提倡以日本文作文学，其谁能指其非？胡君可谓废弃古文而用白话文，等于日人之废弃汉文而用日本文乎？吾知其不然也。……

其实胡适的答案应该是“正是如此”。中国人用古文作文学，与四百年前欧洲人用拉丁文著书作文，与日本人做汉文，同是一样的错误，同是活人用死文字作文学。至于外国文与非外国文之说，并不成问题。瑞士人，比利时人，美国人，都可以说是用外国文字作本国的文学；但他们用的是活文字，故与用拉丁文不同，与日本人用汉文也不同。

《学衡》的议论，大概是反对文学革命的尾声了。我可以大胆说，文学革命已过了议论的时期，反对党已破产了。从此以后，完全是新文学的创造时期。

至于这五年以来白话文学的成绩，因为时间过近，我们还不便一一的下评判。但是我们从大势上看来，也可以指出几个要点：第一，白话诗可以算是上了成功的路了。诗体初解放时，工具还不伏手，技术还不精熟，故还免不了过渡时代的缺点。但最近两年的新诗，无论是有韵诗，是无韵诗，或是新兴的“短诗”，都很有许多成熟的作品。我可以预料十年之内的中国诗界定有大放光明的一个时期。第二，短篇小说也渐渐的成立了。这一年多（1921 以后）的《小说月报》已成了一个提倡“创作”的小说的重要机关，内中也曾有几篇很好的创作。但成绩最大的却是一位托名“鲁迅”的。他的短篇小说，从四年前的《狂人日记》到最近的《阿 Q 正传》，虽然不多，差不多没有不好的。第三，白话散文很进步了。长篇议论文的进步，那是显而易见的，可以不论。这几年来，散文方面最可注意的发展乃是周作人等提倡的“小品散文”。这一类的小品，用平淡的谈话，包藏着深刻的意味；有时很像笨拙，其实却是滑稽。这一类的作品的成功，就可彻底打破那“美文不能用白话”的迷信了。第四，戏剧与长篇小说的成绩最坏。戏剧还有人试做；长篇小说不但没有人做，几乎连译本都没有了！这也是很自然的现象。现在试作新文学的人，或是等着稿费买米下锅，或是天天和粉笔黑板做朋友；他们的时间只够做几件零碎的小作品，如诗，如短篇小说。他们的时间不许他们做长篇的创作。这是一个原因。况且我们近来觉悟从前那种没有结构没有组织的小说体——或是《儒林外史》式，或是《水浒》式,——已不能使人满意了，所以不知不觉的格外慎重起来。这个慎重的现象，是暂时的，也许是很好的。平心而论，与其多出几集无穷无尽的《官场现形记》一类的小说，倒不如现在这样完全缺货的好了。

以上略述文学革命的历史和新文学的大概。至于详细的举例和详细的评判，我们只好等到申报六十周年纪念时再补罢。

十一，三，三

（收入 1923 年 2 月《申报》五十周年纪念刊《最近之五十年》，
1924 年 3 月《申报》出版此文之单行本）

附　录　日本译《中国五十年来之文学》序

这部书是为上海《申报》五十周年纪念册作的。我的目的只是要记载这五十年新旧文学过渡时期的短历史，以备一个时代的掌故，算不得什么著作。桥川先生竟把他译成日本文了，实在使我很惭愧。我只好借这个机会，指出一两处应补充之点。

第一，这五十年的词，虽然没有很高明的作品，然而王鹏运（临桂人）、朱祖谋（湖州人）一班人提倡词学，翻刻宋、元词集，却是很有功的。王氏的《四印斋所刻词》，朱氏的《彊邨所刻词》，吴氏的《双照楼词》，都是极可宝贵的材料。从前清初词人所渴想而不易得见的词集，现在都成了通行本了。

第二，近人对于元人的曲子和戏曲，明清人的杂剧传奇，也都有相当的赏鉴与提倡。最大的成绩自然是王国维的《宋元戏曲史》和《曲录》等书。此外，如商务印书馆影印的《元曲选》，如日本京都大学文科印行的元椠杂剧三十种，如刘世珩的《暖红室汇刻传奇》，如董康刻的《盛明杂剧》，都可算是这几十年中的重要供献。

第三，小说向来受文士的蔑视，但这几十年中也渐渐得着了相当的承认。古小说的发现，尤为这个时期的特色。《宣和遗事》的翻印，《五代史平话》残本的刻行，《唐三藏取经诗话》的来自日本，南宋《京本通俗小说》的印行，都可给文学史家许多材料。近年我们提倡用新式标点符号翻印古小说，如《水浒传》，《红楼梦》之类，加上历史的考证，文学的批评，这也可算是这个时期一种小贡献。

以上不过是补充原本的遗漏，略表我对于译者的谢意和对于读者的歉意。

中华民国十二年三月七日 胡适序于北京

作品列表

一九一九年

【著】《中国哲学史大纲》卷上（上海，商务印书馆，一九一九年；一九二九年重排收在商务印书馆的“万有文库”，改称《中国古代哲学史》。此重排本在一九五八年由台湾商务印书馆印单行本。）《中国哲学史大纲》卷中（中古哲学史前七章）（北平，北大出版部，一九一九年；此本未续完。其中第七章《王充》曾在杂志上发表，后来收在黄晖的《论衡校释》作为附录之一。）

【译】《短篇小说》第一集（上海，亚东图书馆，一九一九年）

一九二〇年

【著】《尝试集》（北平，北大出版部，一九二〇年；一九二〇年的第二版略有增删，一九二二年的第四版增删很多。）

一九二一年

【著】《胡适文存》一集（北平，北大出版部，一九二一年；《胡适文存》一、二、三集与《胡适论学近著》第一集，曾由台北远东图书公司重排印作《胡适文存》四部合集，一九五三年二月再版。这合集的四部每部都经胡先生自己删省若干篇。）

一九二二年

【著】《章实齐先生年谱》（姚名达订补）（上海，商务印书馆，一九二二年）

一九二四年

【著】《胡适文存》二集（上海，亚东图书馆，一九二四年）

一九二七年

【著】《戴东原的哲学》（上海，亚东图书馆，一九二七年）

【编】《词选》（上海，商务印书馆，一九二七年）

一九二八年

【著】《白话文学史》上卷（上海，新月书店，一九二八年）

【著】《庐山游记》（上海，新月书店，一九二八年）

一九二九年

【著】《人权论集》（与梁实秋等合著）（上海，新月书店，一九二九年）

一九三〇年

【著】《胡适文存》三集（上海，亚东图书馆，一九三〇年）

《胡适文选》（上海，亚东图书馆，一九三〇年）《中国中古思想史长编》前九章（油印本）（吴淞，中国公学，一九三〇年；台北，胡适纪念馆，一九七一年印手稿本；此本未续完。其中“秦汉之间的思想”一章的两个部分后来收在文存里，题作“读吕氏春秋”及“陆贾新语考”。其中“淮南王书”的一章后来单行，即题作《淮南王书》。）

【编】《神会和尚遗集》（校编）（上海，亚东图书馆，一九三〇年）

一九三一年

【编】《中国文学史选例》卷一（北平，北大出版部，一九三一年）

【著】《淮南王书》（上海，新月书店，一九三一年）

一九三二年

【著】《中国中古思想史的提要》（十二讲）（北平，北大出版部，一九三二年）

一九三三年

【著】《四十自述》（第一册）（上海，亚东图书馆，一九三三年）

【译】《短篇小说》第二集（上海，亚东图书馆，一九三三年）

一九三五年

【著】《胡适论学近著》第一集（上海，商务印书馆，一九三五年；后删省为《胡适文存》第四集，台北，远东，一九五三年）

【著】《南游杂忆》（良友图书公司，一九三五年）

【编】《中国新文学大系》第一集：建设理论集（良友图书公司，一九三五年）

一九三九年

【著】《藏晖室札记》（上海，亚东图书馆，一九三九年）（一九四七年由商务重排出版，改称《胡适留学日记》）

一九四八年

【著】《胡适的时论》一集（六艺书局，一九四八年）

一九四九年

【著】《水经注版本四十种展览目录》（北平，北大出版部，一九四九年）

【著】《我们必须选择我们的方向》（台北，自由中国社，一九四九年）（即《胡适时论》一集的增改本）

【著】《齐白石年谱》（与黎锦熙、邓广铭合著）（上海，商务印书馆，一九四九年）

一九五一年

【编】《台湾纪录两种》（与罗尔纲合校编）（台湾省文献委员会，一九五一年）（即胡铁花先生的遗著《台湾日记》及《台湾禀启存稿》，由台湾银行经济研究室印作台湾文献丛刊第七十一种。）

一九六〇年

【著】《丁文江的传记》（南港中央研究院，一九六〇年；台北，启明，民国四十九缩印本）

【编】《乾隆甲戌重评石头记》（影印）（台北，自印本，一九六一年）

生平年表

一八九一年一岁

十二月十七日生于上海大东门外。

一八九二年二岁

二月底随母冯顺弟移居浦东。

一八九三年三岁

二月随母去台湾其父胡传任所，先住台南，后迁台东。

一八九四年四岁

在台东由胡传教认方块汉字。

一八九五年五岁

二月因中日战争爆发，随母离台湾回上海。

三月去祖籍安徽绩溪上庄，进家塾读书。八月胡传（铁花）病死于厦门。

一八九六年六岁

在家塾读书。

一八九七年七岁

在家塾读书。

一八九八年八岁

在家塾读书。

一八九九年九岁

在家塾读书。开始接触中国古典小说。

一九〇〇年十岁

在家塾读书。

一九〇一年十一岁

在家塾读书。《资治通鉴》中引述范缜《神灭论》片断，对其影响极深。

一九〇二年十二岁

在家塾读书。

一九〇三年十三岁

在家塾读书。开始学“反切”。

一九〇四年十四岁

一月与江冬秀订婚。

二月从三兄洪骓到上海，进梅溪学堂。

是年读梁启超的《新民说》和邹容的《革命军》。

一九〇五年十五岁

春改进澄衷学堂，在那里读了严复译的《天演论》和《群己权界论》等书。

一九〇六年十六岁

暑间考取中国公学。

是年加入“竞业学会”，并在《竞业旬报》上发表小说、诗歌与文章。

一九〇七年十七岁

仍在中国公学读书。

五月至七月因脚病回绩溪疗养。

一九〇八年十八岁

七月主编《竞业旬报》。九月转入中国新公学，兼任英文教员。

一九〇九年十九岁

十月新公学解散，因失学失业，在上海过放荡生活。

一九一〇年二十岁

春在华童公学教国文。五月同二哥绍之去北京温习功课。七月考取清华庚子赔款留学美国官费生，因用“胡适”的名字报考，此后就正式叫胡适。八月十六日，从上海坐船去美国。九月入康乃尔大学，选读农科。

一九一一年二十一岁

仍在康乃尔大学农学院学习。七月被举为赔款学生会中文书记。

一九一二年二十二岁

九月转入文学院，修哲学、经济、文学。十一月发起组织“政治研究会”。十二月代表康乃尔大学大同会，到费城参加世界大同总会，被推为宪法部干事。

一九一三年二十三岁

仍在康乃尔大学文学院学习。

五月被举为世界学生会会长。

一九一四年二十四岁

四月被委为康乃尔大学学生会哲学群学部部长。六月十七日，行毕业式，得学士学位。九月被举为《学生英文月报》主笔之一，负责国内新闻。

一九一五年二十五岁

一月九日，康乃尔世界学生会举行十周年纪念祝典，以干事长身份作“世界会之目的”的演说。九月进哥伦比亚大学哲学系。系主任为杜威。

一九一六年二十六岁

仍在哥伦比亚大学哲学系学习。自二月起，与陈独秀、朱经农、梅光迪、任鸿隽、杨杏佛等讨论文学革命问题，并作白话诗。

一九一七年二十七岁

一月二十七日，在费城演讲“美国如何能协助中国之发展”。五月二十二日，通过哲学博士学位的最后考试。六月起程返国，七月十日到达上海。八月任北京大学教授。十二月回安徽绩溪与江冬秀结婚。是年参加《新青年》的编辑工作。

一九一八年二十八岁

仍在北大任教。三月被选为北大英文部教授会主任。十一月二十三日，去天津与梁启超见面。是日，母冯顺弟病死。

一九一九年二十九岁

仍在北大任教。一月被聘为《新潮》杂志顾问。二月参加《新教育》编辑部工作。又被选为国语统一筹备会会员。五月一日，在上海迎接杜威来华讲学。不久，与蒋梦麟去拜会孙中山，谈“知难行易”学说。六月接办《每周评论》，挑起“问题与主义”的论战。十月十二日，参加教育部及北京大学等在中山公园为杜威六十岁生日举办的祝寿活动。是月，陪同杜威去山西讲学。十一月代理北大教务长（因马寅初教务长患眼疾请假）。

一九二〇年三十岁

仍在北大任教。四月在国语讲习所讲“国语文学史”。五月和蒋梦麟联名发表“我们对于学生的希望”。年底与《新青年》脱离关系。

一九二一年三十一岁

春，养病在家。

七月高梦旦邀其去上海暂住，拟请他担任商务印书馆编译所所长，未允，转荐王云五。下半年除在北大任教外，去国语讲习所讲了八周“国语文学史”。

一九二二年三十二岁

仍在北大任教。二月十八日，被推为中华教育改进社筹划全国教育经费委员会赔款部部员。三月二十三日，去天津南开大学讲学，为时三周。四月二十五日，当选为北大教务长及英文学系主任。五月七日，由他主撰的《努力周报》第一期出版。

十四日，与蔡元培、王宠惠等联名发表《我们的政治主张——好人政治》。七月在济南讲“再论中学的国文教学”。八月出席“国语统一筹备会”第四届年会。九月《努力周报》增刊——《读书杂志》出版。月底，出席国民政府教育部召开的学制会议，为起草宣言者之一。十月赴济南出席全国教育会联合会。

一九二三年三十三岁

一月向北大请假一年，到杭州烟霞洞养病。四月二十一日离京，月底抵杭。四月得鲁案委员会授予的三等嘉禾章。十月到上海商科大学讲“哲学与人生”。是月，又去南京东南大学讲“书院制史略”，月底回北京。是年任《国学季刊》编辑委员主任。

一九二四年三十四岁

仍在北大任教。六月筹备《现代评论》。八月与丁文江同在北戴河避暑。十月推荐王国维为清华学校研究院院长。十一月五日，致书王正廷，对冯玉祥军队包围清宫、逐去清帝，提出抗议。十二月十三日，《现代评论》第一期出版。

一九二五年三十五岁

仍在北大任教。二月参加段祺瑞政府召开的善后会议。三月应聘为“中英庚款顾问委员会”中国会员。五月被选为中华图书馆协会董事兼财政委员会委员、索引委员会书记。十月到上海治病。在此期间，至政治大学及中国公学讲中国哲学，并与郑振铎、高梦旦同游南京。十一月被推举为北平图书馆委员会书记。

一九二六年三十六岁

二月至七月中旬参加“中英庚款顾问委员会”的“中国访问团”，从上海到汉口、南京、杭州、北平、天津、哈尔滨等地访问。七月下旬至十二月中旬经西伯利亚到英国，参加“中英庚款”全体委员会议，中间去了一下法国。十二月三十一日，坐轮船去美国。

一九二七年三十七岁

一月至四月中旬在美国纽约、费城地游历并演讲。四月十二日，由西雅图上船回国。二十四日，到日本横滨，暂住二十三天，游历了京都、奈良、大阪等处。五月底回上海，与徐志摩等创办新月书店。六月被选为中华教育文化基金董事会董事。七月至十二月在上海写作与讲学。是年复被选为中华图书馆协会董事。任新月书店董事会董事长及编辑委员会委员。

一九二八年三十八岁

二月受上海东吴大学及光华大学之聘，作哲学讲座。三月受聘为上海中国公学校长。四月与高梦旦等同游庐山。

三十日，就任上海中国公学校长，自兼文理学院院长。五月赴南京出席全国教育会议。

一九二九年三十九岁

仍任中国公学校长兼文理学院院长。一月赴杭州出席中华教育基金董事会第三次常委会，辞去董事。六月中华教育文化基金董事会在天津举行第五次年会，复选其为董事。九月赴杭州参观“西湖博览会”。

一九三〇年四十岁

上半年仍任中国公学校长兼文理学院院长。四月十日，在《我们走那条路》中提出："要铲除打倒的是贫穷、疾病、愚昧、贪污、扰乱五大仇敌"。七月到南京出席中华文化教育基金委员会第六次年会，会上被聘为编译委员会委员长。八月赴青岛小住。九月去北平，曾在北平大学演讲。十一月月初回上海。二十八日，全家搬至北平。

一九三一年四十一岁

一月九日，赴上海出席中华教育文化基金董事会第五次常会。会后回北平任北大文学院院长兼中国文学系主任。四月二十四日，出席中华教育文化基金会第三十六次执行财政联席会议，通过北大与中基会合作研究特款办法。八月应丁文江之邀，到秦皇岛小住。十一月写信给宋子文，主张依据日本政府提出的五项原则与日本交涉东三省的善后问题。是年任太平洋学会在华会议的主席。

一九三二年四十二岁

仍任北大文学院院长兼中国文学系主任。一月到上海出席中华教育文化基金董事会第六次常会。五月与蒋廷黻、丁文江、傅斯年等合办的《独立评论》出版。七月出席中华教育文化基金会第八次年会。十二月去武汉大学讲学，并与蒋介石第一次见面。是年德国普鲁士科学院选其为通讯委员。

一九三三年四十三岁

仍任北大文学院院长兼中国文学系主任。一月到上海出席中华教育文化基金董会第七次常会。三月三日，与丁文江、翁文灏密电蒋介石："热河危急……非公即日飞来挽救，政府将无以自解于天下"。十三日，与丁文江、翁文灏同去保定谒蒋。十九日，又找何应钦、于学忠，策动中日停战谈判。

六月十八日，在上海起程赴美国。七月在芝加哥演讲"中国文化的趋势"。是月中，中华教育文化基金会第九次年会聘他为国立北平图书馆委员会委员长。八月至九月在加拿大的班府出席太平洋学会第五次大会，并到加沙大学演讲。十月初乘船回国。

一九三四年四十四岁

仍任北大文学院院长兼中国文学系主任。二月赴南京出席中华教育文化基金会第九次董事常会。五月出席中华教育文化基金会第十次董事年会。十一月去南京出席考铨会议。

一九三五年四十五岁

仍任北大文学院院长兼中国文学系主任。一月五日，在香港接受香港大学法学名誉博士学位。九日，到广州。十一日起在梧州、南宁、柳州、桂林、阳朔等地演讲、游览。二十五日，到香港，旋回北平。四月十九日，在上海出席中华教育文化基金会第十一次董事年会。七月初到平绥路去旅行。九月七日，被选为国民政府中央研院第一届评议会评议员。十月二十六日，在上海出席中华教育文化基金会第九次常会。

一九三六年四十六岁

上半年仍任北大文学院院长兼中国文学系主任。七月七日，到上海。十四日，启程赴美，出席太平洋国际学会大会。八月至十月在美国和加拿大各地演讲。十一月初在旧金山启程回国。

一九三七年四十七岁

上半年仍任北大文学院院长兼中国文学系主任。七月八日，离北平。十一日，到庐山，得到蒋介石接见，随后参加庐山谈话会。二十八日，返南京。三十一日，蒋介石邀其同张伯苓、梅贻琦等吃午饭。八月十三日，被聘为国民政府"国防参政会"参议员。九月至十二月去美国作非正式的外交工作，见过罗斯福，并在旧金山哥伦比亚电台发表"中国在目前的危机中对美国的期望"演说。

一九三八年四十八岁

一月至五月在美国及加拿大游历及演讲。六月被选为国民政府"国民参政会"参政员。六月至七月继续在美国及加拿大游历及演讲。八月转游法国、瑞士和普鲁士。九月十七日，国民政府任命其为驻美全权大使。十月三日，由欧返抵纽约。五日，赴华盛顿就任。三十一日，作"题在自己的照片上，送给陈光甫"的诗：

做了过河卒子，只能拼命向前。

一九三九年四十九岁

仍任驻美大使。

一九四〇年五十岁

仍任驻美大使。三月五日，当选为国民政府中央研究院院长候选人。

一九四一年五十一岁

仍任驻美大使。

一九四二年五十二岁

一月至八月仍任驻美大使。九月八日，辞去驻美大使职务，移居纽约，从事学术研究。

一九四三年五十三岁

一月应聘为美国国会图书馆东方部名誉顾问。

一九四四年五十四岁

九月应哈佛大学之聘，前往讲学。

一九四五年五十五岁

四月二十五日，出任国民政府代表团代表之一，在旧金山出席联合国制宪会议。

九月被国民政府任命为北平大学校长，在回国前暂由傅斯年代职。

十一月以国民政府代表团首席代表的身份，在伦敦出席联合国教育、科学、文化组织会议，制订该组织的宪章。

一九四六年五十六岁

六月一日，由美国动身回国。

七月五日，抵上海。经南京时稍作逗留。月底，到北平。

九月十一日，飞抵南京。

十五日，出席国民政府的“制宪国民大会”。十二月二十三日，出任国民大会“宪草决议案”整理小组成员。

一九四七年五十七岁

仍任北大校长。春，国民政府拟委他为考试院长及国府委员，未接受，说：“不入政府，则更能为政府助力”。十二月主编《申报·文史》周刊。

一九四八年五十八岁

仍任北大校长。三月二十五日，在南京出席国民政府中央研究院评议会，当选为第一届的人文组院士。四月四日，当选为“国民大会”主席团成员。九月被选为北平研究院学术会议会员。十二月十七日，蒋介石在官邸为其祝生日。

一九四九年五十九岁

一月十四日，赴上海。十五日，蒋介石聘他为总统府资政。三月下旬在台湾住了七天，又回上海。四月六日，在上海坐船前往美国。十一月二十日，《自由中国》创刊号在台北出版，推其作发行人。

一九五〇年六十岁

三月初到华盛顿出席中华教育文化基金会会议，被推为该会干事长。五月十四日，普林斯顿大学聘他担任葛思德东方图书馆馆长，为期两年。九月就任葛思德东方图书馆馆长。

一九五一年六十一岁

仍任葛思德东方图书馆馆长。

四月二十日，出席美国哲学会议，讲演“十年来中美关系急趋恶化的原因”。是年在美国全国社会科学协会讲演“共产主义在中国”。

一九五二年六十二岁

二月联合国文教组织聘其为“世界人类科学文化编辑委员会”委员。

夏普林斯顿大学聘约期满，仍任荣誉主持人。

十一月下旬至年底在台湾作演说和讲学。

一九五三年六十三岁

一月十六日，与蒋介石长谈。十七日，离台经日本返美。

一九五四年六十四岁

二月至三月到台湾参加“第一届国民大会第二次会议”，担任“临时主席”，向蒋介石、陈诚递送“总统”“副总统”当选证书。

四月五日，离台赴美。

七月十六日，蒋介石聘他任“光复大陆设计委员会”副主任委员。

一九五五年六十五岁

在美国各地讲学。

三月中旬受“中央研究院”院长朱家骅的委托，在纽约召集国外院士谈话会。

一九五六年六十六岁

继续在美国各地讲学。

十二月台北“中央研究院”历史语言研究出版了《胡适先生六十五岁论文集》，为他祝寿。

一九五七年六十七岁

九月二十六日，以“中国代表团代表”身份出席联合国大会，发表讲演。十一月三日，当选为“中央研究院”院长候选人，四日，蒋介石正式任命他为“中央研究院”院长。

一九五八年六十八岁

四月六日，离美。八日抵台北。十日举行“中央研究院”院长就职典礼。

五月拟定“国家发展科学培植人才的五年计划的纲领草案”。九月五日，在华盛顿主持“中华教育文化基金会”第二十九次年会。十二月二十二日，到“总统府”参加蒋介石的宣誓典礼。

一九五九年六十九岁

仍任“中央研究院”院长。二月一日，蒋介石任命他为“国家长期发展科学委员会”主席。七月出席夏威夷大学主办的第三次东西方哲学会议，接受夏威夷大学人文博士学位。九月在华盛顿主持“中华教育文化基金会”第三十次年会。十一月一日，主持“国家长期发展科学委员会”第二次全体委员会议及第三届评议会第六次会议。

一九六〇年七十岁

仍任“中央研究院”院长。二月二十日，出席第一届国民大会第三次会议。三月十四日，国民大会举行第七次大会，任主席。六月五日，参加蒋介石欢迎艾森豪威尔的宴会，并与艾森豪威尔晤谈。九月二十日，去华盛顿出席“中华教育文化基金会”四十九次会议。

一九六一年七十一岁

仍任“中央研究院”院长。一月十一日，主持蔡元培九十四岁纪念会。十一月六日，应美国国际开发总署之邀，在东南区科学教育会议开幕式上，作“科学发展所需要的社会改革”报告。

一九六二年七十二岁

二月十四日，参加第四次“全国教育会议”开幕式。

二十四日上午，主持“中央研究院”第五次院士会议。下午六时半，在“欢迎新院士酒会”结束时，因心脏病猝发而死亡，享年72岁。